워렌 버핏을 꿈꾸며

[주식 투자 실전 편]

미래를 주도할 산업을 찾아라!

워렌 버핏을 꿈꾸며

[주식 투자 실전 편]

| 김영웅 지음 |

"주식 투자는 반드시 배워서 해야 한다는 것을
당연하게 여기는 붐을 일으키고 싶습니다."

매일경제신문사

책을 펴내며

2~3년 전만 해도 누군가 주식 투자를 한다고 하면, 주변에 있는 사람들이 뜯어말리는 경우가 많았습니다. 하지만 세계 증시가 2020년 코로나19로 인해 단 11일 만에 30% 이상 대폭락한 이후 또다시 역사적으로 유례없는 대상승장을 맞이했습니다. 그 후 상승을 계속해 2021년 1월 6일, 한국종합주가지수인 코스피 지수가 사상 최초로 3,000포인트를 돌파했습니다. 그리고 기세를 이어 그해 6월 25일, 역사적 최고가인 3,316포인트를 기록했습니다. 코스닥 지수는 2021년 1월 26일, 1,000포인트를 기록한 후 조정과 상승을 거듭하다가 2021년 8월 6일, 1,062포인트를 기록한 후 계속 하락 중으로 2022년 4월 15일 현재, 924포인트를 기록 중입니다. 코스피가 사상 최고가를 기록하면서 그동안 주식 투자를 막연히 두려워하던 사람들마저 주식 투자에 대한 급격한 인식 변화가 있었습니다. 또한, 재테크에서 반드시 주식 투자가 필요하다고 생각하는 사람들도 많이 늘어났습니다. 평생 주식 투자를 한

번도 하지 않은 사람들조차도 누구나 먼저랄 것 없이 주식 계좌를 만들면서 주식 투자를 시작했습니다.

2020년 2분기부터 증권 시장에 신규 투자자들이 물밀 듯이 들어오면서, 2021년 1월 12일에 투자자 예탁금이 사상 최초로 74조 4,000억 원을 돌파했습니다. 그러나 누구나 알듯이 주식은 영원히 상승하지 않습니다. 2021년 6월에 고점을 찍은 지수가 서서히 하락하면서, 2020년 4분기 이후 남의 말만 듣고 주식 시장에 뛰어든 많은 초보 투자자들이 큰 손실을 보며 사회적으로 문제가 되고 있습니다.

이렇게 배우지 않고 무데뽀로 투자하는 분들이 안타까워 2020년에 금융의 중심가 여의도에 '주식 투자 이젠 배워서 하자'라는 슬로건을 걸고 '워렌증권학원'을 설립했습니다. 아무런 준비도 없이 남의 말만 듣고 일단 주식을 매수한 후 점점 커지는 손실에 어쩔 줄 몰라 하시는 분들이 점점 늘어나는 것이 너무 안타까웠습니다. 세상에 수많은 주린이 여러분이 주식 투자를 투기가 아닌 투자로 할 수 있게, 반드시 주식을 먼저 배우고 나서 주식 투자를 하라고 권하고 싶습니다.

"주식 투자는 반드시 배워서 해야 한다는 것을 당연하게 여기는 붐을 일으키고 싶습니다."

저는 오랜 고민 끝에 주식 투자로 성공해보겠다고 결심한 후 직장생활을 하면서 동시에 주식 공부를 시작했습니다. 회사에 다니면서 업무와 회식에 지친 밤에도 매일 주식 관련 책을 밑줄 쳐가며 몇 번씩 읽었습니다. 당시는 유튜브가 활발하지 않던 시절이어서 시중에 떠도는 주식 관련 동영상을 모아 태블릿으로 출퇴근 시간의 만원 전철에서 졸면서 수없이 여러 번 봤습니다. 회사에서는 선후배 눈치를 보며 근무 중 실전 주식 투자를 하면서, 길다면 길고, 짧다면 짧은 7년이라는 세월 동안 주식 시장에 몸담을 준비를 했습니다.

그리고 나름대로 준비됐다는 생각이 들었을 때 망설임 없이 전업 투자자가 되기 위해 다니던 회사를 그만두었습니다.

하지만 제가 주식 투자자의 길로 들어선다고 했을 때 대부분의 주변 사람들이 저를 말렸습니다. 당시까지 주식 투자로 성공한 사람은 적었고, 실패한 사람들이 훨씬 많았기 때문입니다. 저는 나름대로는 철저한 준비를 하고 시작하는 주식 투자자의 길이었는데, 주변에는 저를 위한다는 명목하에 주식 투자로 망한 사람들 이야기를 잔뜩 늘어놓는 사람들뿐이었습니다. 그 어느 때보다 격려와 응원이 필요할 때 다소 불안감에 의기소침해 있는 저에게 저주 같은 염려를 퍼붓고 있는 사람들 속에서 참으로 고독했습니다.

그런데 사람들은 왜 응원이 아닌 염려를 했을까요? 그 이유는 사람들이 대부분 사전에 공부하지 않고 주식 투자를 투자가 아닌, 투기로 하다가 크게 손실을 보는 경우가 많았기 때문입니다. 2000년 이전까지만 해도 주식 투자는 주변 사람들의 말만 듣고 하는 묻지 마 투자로 투기에 가까웠습니다. 직장동료, 친척, 친구 등 주변 사람들에게 정보를 얻어 큰 수익을 노리고 한탕 하려다 오히려 큰 손실을 보는 경우가 비일비재했습니다. 그런 뻔한 길을 가겠다고 나서니 주변에서 걱정스러웠을 것입니다. 하지만 한 가지 다른 점은 다른 사람들은 공부하지 않고 주변 사람 말만 듣고 한탕을 노렸다면, 저는 오랫동안 철저하게 준비한 상태에서 시작했다는 것입니다. 시중에 있는 주식 관련 책 전부를 읽으려고 노력했으며, 시중에 떠도는 주식 관련 동영상을 모아 몇 번씩 봤습니다. 그리고 기회가 있을 때마다 전국에 내로라하는 고수들을 찾아 전국 방방곡곡을 돌아다녔습니다. 저 나름대로 충분히 준비했다고 판단해서 시작한 길이었습니다. 저의 시작은 다른 분들과는 완전히 다른 출발이었습니다.

투자자들 대부분은 한두 달에 50~100% 수익을 목표로 하는 사람들입니다. 그러니 조급할 수밖에 없고, 바라는 결과는 나오지 않는 경우가 대부분입니다. 그러나 목표를 한두 달에 100% 수익이 아니라 10% 정도의 수익으로 조정하면 성공 확률이 훨씬 높아질 것입니다. 매달 꾸준히 10% 수익을 낼 수 있다면 엄청나게 큰 수익일 것입니다. 또한, 주변의 직장동료, 동창생, 친구, 친척 등 아는 사람들이 추천하는 종목은 가급적 매수하지 않는 것이 좋습니다. 친구나 동창 또는 회사 동료가 나에게만 알려준다는 정보가 사실 자신이 가장 늦게 알게 된 정보일 가능성이 매우 큽니다. 처음 만나는 분들께 제가 증권학원 원장이라고 소개하면, 주식 관련된 고급 정보를 알려 달라는 분들이 많습니다. 그럴 경우 저는 아는 것이 있더라도 알려주지 않는 것을 원칙으로 합니다. 주식 투자는 어설픈 정보만으로 투자하면 벌 때는 조금 벌고, 잃을 때 크게 손실을 봐서 실패할 가능성이 크기 때문입니다.

'세상에 공부하지 않고 남의 말만 듣고 투자가 아닌 투기로 한탕 해보겠다는 꿈을 꾸는 많은 주린이들의 잘못된 생각을 어떻게 하면 제대로 된 주식 투자 성공의 길로 안내할 수 있을까?' 깊은 고민 끝에 전작 《어이, 김과장! 주식 투자 이젠 배워서 하자!》에 이어 두 번째 책 《워렌 버핏을 꿈꾸며(주식 투자 실전 편)》을 출간하게 됐습니다.

2021년 6월에 출간한 《어이, 김과장! 주식 투자 이젠 배워서 하자!》는 주식 시장의 시종(始終)을 가늠할 수 있도록 얕지만 넓게 다룬 입문

서였다면, 이 책은 세계 대변혁에 따라 크게 상승할 업종 선정과 종목 발굴, 그리고 실제 사례를 다룬 '실전 편'입니다.

우선 향후 미래를 주도할 산업을 파악하고, 그 안에서 향후 10년간 10배 상승할 종목을 발굴하는 기법을 상세히 서술했습니다. 그리고 최근 2~3년간 코로나19로 인한 급락장 이후 반등장에서 가장 최저점에서 매수해 크게 수익 난 몇몇 종목들의 실전 매매 성공 사례를 심층 분석해 실제 투자에 도움이 되고자 상세하고 깊이 있게 다루었습니다. 이 책만 보고 주식 투자에 성공할 수는 없겠지만, 적어도 주식 투자는 먼저 배우고 나서 해야 한다는 필요성을 느낀다면 이 책의 역할은 충분할 것으로 생각됩니다.

프롤로그

이 책의 도입부는 '험난한 주식 시장에서 살아남는 법'으로 제가 한때 연구에 심취했던 포커와 카지노 게임에서 이기는 방법을 주식 투자와 연결 지어 이해를 돕기 위한 방법론 측면에서 저의 경험을 최대한 자세하게 서술했습니다.

'주식 투자 실전 편 1'에서는 2020년 2월경 코로나19가 전 세계에 서서히 퍼져가고 있을 때 뉴욕 증시 대폭락 직전에 이것을 예측했던 강의와 3월 20일경 코스피 지수가 1,000포인트를 깨고 500포인트까지 내려갈지 모른다는 공포가 세상을 휘몰아치고 있을 때 'V자 반등' 가능성을 강하게 주장한 강의를 다루었습니다. 이 두 강의를 통해 당시 왜 그렇게 판단했는지에 대해 많은 분에게 도움을 드리고자 하는 마음에서 자세히 서술했습니다. 또한, 유튜브 '워렌TV'에 당시에 올린 영상이 있으니 참조하시면 좋겠습니다.

'주식 투자 실전 편 2'에서는 LG화학, 한화솔루션, 롯데케미칼, 한국조선해양, 셀트리온헬스케어, 일진머티리얼즈, SK아이이테크놀로지, 테슬라, 엔비디아 등 많은 종목을 거의 최저점에 매수해 크게 수익 낸 사례를 심층 분석해 독자 여러분들의 실전 매매에 도움을 주고자 상세히 설명했습니다.

후반부의 '미래를 주도할 산업을 찾아라!(부제 : 10배 상승할 종목 발굴)'에서는 향후 대변혁을 몰고 올 미래를 주도할 산업을 집중 탐구해서 그 속에서 10년 후 10배 상승할 종목을 발굴하는 과정을 담았습니다. 지금 언급한 종목들이 10년 후에 정말로 주가가 10배 상승할지는 미래의 일이니 불확실합니다. 그런데도 10배 상승할 종목이라고 한 것은 미래를 주도할 산업에서 모든 종목이 10배 상승하지는 않더라도, 몇몇 종목은 분명히 10배 이상 상승할 것으로 확신하기 때문입니다. 저는 이를 탐구하고 분석하는 과정을 통해 현재 상황에서 미래 발전상을 예상하고, 그것과 맞는 업종과 종목을 찾는 훈련을 하는 데 제 책이 필요한 교본이 되기를 바랍니다.

끝으로 이 책을 보기에 앞서 저의 전작《어이, 김과장! 주식 투자 이젠 배워서 하자!》를 읽지 않으셨다면 그 책을 꼭 읽기를 권합니다. 그 책은 통찰 편, 심리 편, 실전 편, 그리고 기초 편으로 구성해 주식 시장 입문에 길잡이가 되어드릴 수 있는 책입니다. 또한, 읽고 나면 이 책을 이해하는 데 큰 도움이 될 것입니다.

전작이 주식 입문자들을 위한 안내서였다면, 이 책은 주식 투자를 통해 큰 성공을 꿈꾸는 수많은 투자자를 위한 성공 투자 안내서가 되길 바라는 마음으로 썼습니다. 하지만 제가 두려운 것이 있다면 이 책을 너무 맹신해 자신의 능력 이상의 투자를 감행해 곤란에 빠지는 경우가 있을까 염려스럽습니다. 자신의 능력에 맞는 투자를 하시기를 권합니다.

세 번째 출간 준비 중인 책은 버스는 버스 정류장에서 타고 내리고, 전철은 전철역에서 타고 내리듯 주식을 매수할 때와 매도할 때 정류장이 있습니다. 이 정류장을 알려주는 것이 차트인데, 시중에 있는 대부분의 차트 책은 2010년 이전 차트가 실린 책이 대부분입니다. 당시는 상·하한가가 15% 또는 12%였고, 주식 시장에 작전세력들이 판치던 때였습니다. 하지만 현재는 당시와 비교해서 상·하한가가 30%로 커졌고, 금융감독원의 시장 감시 제도가 발달해서 작전세력들이 많이 사라졌으며, 분식회계로 인한 손실 발생 시 소액주주 소송 등이 빈번해 기업이나 회계법인들도 엄격하게 회계감사를 진행하고 있습니다. 따라서 이러한 현재 시장 상황에 맞는 적절한 차트책을 저희 학원의 김범 교수와 공저로 출간을 준비 중에 있어서 금년 안에 출간할 예정입니다.

이 책을 보시면서 저에게 아낌없이 조언과 격려를 보내주신다면 더욱더 발전하는 밑거름으로 삼겠습니다. 또한, 여러분들의 비판과 지적을 겸허하게 받아들이고 부족한 부분이 있다면 적극적으로 고쳐나가겠습니다.

김영웅

차례

PART 03 주식 투자 실전 편 2 : 종목 발굴 성공 사례

PART 04 미래를 주도할 산업을 찾아라! (부제 : 10배 상승할 종목 발굴)

험난한 주식 시장에서 살아남는 법

1

/

주식 시장에서 살아남기

10여 년 전에 우리 아이가 어렸을 때 정말 좋아했던 책이 모 출판사의 '~살아남기' 시리즈였습니다. 《정글에서 살아남기》란 만화책이 유행하면서 살아남기 시리즈가 다양하게 출간됐던 것으로 기억됩니다. 정글에서 살아남기, 갯벌에서 살아남기, 심해에서 살아남기 등 다양한 환경이나 장소에서 살아남는 시리즈였습니다. 저는 여기에 '주식 시장에서 살아남기'를 추가하고 싶습니다. 개인 투자자에게 주식 시장은 어떤 어려운 환경보다 더 무서운 곳입니다.

제가 오랫동안 주식 투자를 공부하고 본격적인 투자의 길로 들어서면서 겪었던 수많은 시행착오, 매일매일 새롭게 일어나는 사건들, 반복되는 듯하지만, 전혀 똑같지 않은 새로운 상황들, 그 속에서 피나는 노력을 하며 극복하는 과정이 한마디로 말하면 '주식 시장에서 살아남기'였습니다.

처음 주식 투자자의 길을 걷기로 최종 결심하기까지 정말 수많은 날을 고민하고, 또 고민했습니다. '나는 과연 잘할 수 있을까? 주식 투자로 실패한 사람들이 많다는데 그 어려운 길에서 나는 과연 성공할 수 있을까?' 고민 끝에 마침내 주식 투자자의 길을 걷기로 하고 나서 가장 처음 한 일은 시중에 있는 주식 관련 책 전부를 독파하는 것이었습니다. 시중에 있는 서점과 인터넷 서점에서 주식, 증권, 투자 등에 관한 책을 닥치는 대로 사서 읽기 시작했습니다. 다음으로 한 일은 시중에 떠도는 온갖 주식 관련 동영상을 구해서 닥치는 대로 반복해서 보는 것이었습니다.

나름대로 준비를 마쳤다고 생각한 어느 날, 다니던 회사를 퇴직한 후에 경기도 부천시 송내역 앞에 있는 오피스텔을 얻어 전업 투자자로서의 첫걸음을 내디뎠습니다. 처음에는 초심자의 행운이라고 매일매일 큰 수익을 벌게 됐고, 시장이 벌어주는 줄 모르고 실력으로 번다고 착각해 기고만장하기도 했습니다. 그러다 몇 달 후 갑자기 매수하는 족족 손절하고 힘든 고난을 겪기도 하면서 좌절하기도 했습니다. 그렇게 실전 투자에서 성공과 실패 사이에 갈팡질팡하던 많은 시간들, 대구, 순천, 부산, 양산 등 전국 방방곡곡 투자의 고수들을 찾아다니면서 거리에 뿌렸던 상념들, 초·중·고등학교, 그리고 대학교 동창 밴드에서 전부 탈퇴하고 두문불출하며 오로지 주식 공부에만 전념하던 날들, 차트를 공부할 때 일봉뿐만 아니라 1분봉도 부족해 틱차트 거래량을 눈이 빨갛게 충혈되도록 세며 밤새던 많은 날, 그리고 희망과 절망의 경계 어디쯤에서 방황하던 순간들 … 그 많은 고난을 이겨낸 결과, 저는 결국 주식 시장에서 살아남았습니다.

처음 공부를 시작할 때 끝을 알 수 없는 막막함, 전업 투자자로 처음 나설 때 기대 반 두려움 반의 황량함, 그리고 전문가 활동을 시작할 때

자부심, 그리고 우리나라 최초의 증권학원을 시작할 때를 돌이켜 생각해보면 한 번도 쉬웠던 적은 없었습니다. 그렇게 수많은 세월 동안 제가 쏟았던 피땀 어린 열정만큼 주식 시장에 대한 이해와 주식 투자의 수익률이 높아지면서 주식 투자에 대한 막막함이 하나씩 걷혔습니다. 증권학원을 운영하는 지금도 나날이 새로운 것을 배우고 있습니다.

정확히 언제부터인지 기억나지 않지만, 어느 순간 시장에 대한 두려움이 사라졌습니다. 글로벌 시장과 우리나라 증시의 상관관계에 대한 이해도가 커지고, 외국인 자금들의 흐르는 방향이 무엇을 따라가는지 알게 됐고, 기관들의 펀드 매니저들이 어떨 때 매수하는지, 어떨 때 매도하는지를 알게 됐습니다. 그에 따라 제가 언제 매수해야 하는지, 언제 매수하면 안 되는지, 그리고 언제 팔아야 하는지를 어렴풋이 가늠하게 됐습니다. 그리고 상승장과 하락장, 특히 급락장에 어떻게 대응해야 가장 손실을 적게 낼 수 있는지 대응 전략을 상황에 맞게 세울 수 있게 됐습니다. 주식 시장을 정확히 예측하는 것은 신의 영역이라 인간에겐 불가능합니다. 다만 우리가 할 수 있는 것은 매수할 때와 매수해서는 안 될 때를 구분하고, 예상과 달리 하락할 때 짧게 손절하고, 반등 신호를 가장 먼저 잡아내어 가장 먼저 매수하면서 오히려 지루한 횡보장보다는 변동성이 큰 조정장을 기다리게 됐습니다. 이렇게 변화무쌍한 상황마다 사전에 대응전략을 세우고 실천할 수 있도록 훈련하면, 지금 이 책을 읽으시는 여러분도 성공할 수 있습니다.

그렇게 100% 정확하지 않아도 확률이 높은 쪽으로 대응하면 확률은 배신하지 않는다는 말처럼 계좌가 점점 늘어나게 됩니다. 주식 투자 목표를 장기간 계좌를 늘리는 것에 초점을 맞추면, 몇몇 종목의 대박을 목표로 하는 것보다 성공 확률이 훨씬 높을 것입니다.

2

/

워렌 버핏을 꿈꾸며

워렌 버핏(Warren Buffett)은 주식 투자의 살아 있는 전설로 알려진 사람입니다. 그는 미국의 기업인이자 투자자로서 뛰어난 투자 실력과 기부활동으로 인해 '오마하의 현인'이라 불리고 있습니다. 2010년 기준으로 〈포브스〉 지는 워렌 버핏 회장을 세계 부자 3위로 선정했습니다. 2020년 기준으로 워렌 버핏은 총자산 규모 692억 달러(약 83조 1,100억 원)로 세계 10위 부자에 이름을 올렸습니다.

주식 투자를 하는 사람이라면 누구나 워렌 버핏이 주식 투자로 세계적인 부자가 됐다는 것을 알고 있을 것입니다. 물론 주식 투자를 하지 않는 사람이더라도 누구나 한 번쯤 그의 이름을 들어봤을 것입니다. 특히 코카콜라를 매수해서 40년간 보유해 큰돈을 벌었다는 일화는 유명합니다. 세상에 있는 수많은 사람이 워렌 버핏의 성공과 부를 부러워할 것입니다. 사람으로 태어나 한 세상을 살면서 한 가지 분야에서 세계 최고 수준까지 오른 워렌 버핏은 당연히 존경받아 마땅합니다.

제가 워렌 버핏을 처음 알게 된 것은 정확히 언제인지는 기억이 나지 않습니다. 오래전 뉴스나 책 등을 통해 점차 워렌 버핏을 알게 됐으며, 그분에 대해 알면 알수록 점점 더 깊이 빠져들어 누구나 그렇듯이 존경하지 않을 수 없게 됐습니다. 그분을 얼마나 많이 좋아하고 존경하면, 학원 이름을 '워렌증권학원'이라 지었겠습니까?

전작《어이 김과장! 주식 투자 이젠 배워서 하자!》에서 이미 설명했던 것과 같이 제가 주식 투자를 시작하면서 가장 먼저 한 것이 서점에 있는 주식 관련 책을 모두 사서 읽는 것이었는데, 가장 많이 읽었던 것이 워렌 버핏과 관련한 책이었습니다. 당시 서점에 있던 워렌 버핏 관련 책 중 10권 정도를 사서 밑줄 쳐가며 몇 번이고 읽었던 기억이 있습니다.

그중에 특히 기억에 남는 책은 워렌 버핏의 전 며느리 메리 버핏(Mary Buffett)이 쓰고, 2007년에 이은주, 이재석이 옮긴《워렌 버핏 투자 노트》란 책입니다. 이전에 알려지지 않은 가족들만이 알 수 있는 내용도 다수 있어 매우 인상적이었습니다. 이 책에 따르면, 버핏은 다른 투자자들이 움츠릴 때 과감하게 나아가고, 다른 투자자들이 무모하게 덤벼들 때 신중할 수 있는 자세야말로 일류 투자자의 기질이라고 생각했습니다. 그런 그의 기질에 장기적으로 뛰어난 경쟁력을 지닌 기업에 초점을 맞추는 투자 철학이 더해짐으로써 버핏은 세계적인 투자가로 이름을 날릴 수 있었습니다.

또한, 버핏은 투자하면서 과도한 주가 상승을 이유로 주식 매수를 완전히 멈춘 적이 두 번 있었다고 합니다. 첫 번째는 1960년대 후반의 강세장이었고, 두 번째는 1990년대 후반의 강세장이었습니다. 두 경우 모두 버핏은 계획적으로 한발 물러났고, 그 덕분에 주식 시장의 붕괴로 인한 손실을 피할 수 있었습니다. 게다가 이를 통해 상당량의 현금을 확보하고, 시장 붕괴로 헐값이 된 종목들을 손쉽게 사들일 수 있었다고 합니다.

여기서 특히 인상적인 것은 '과도한 주가 상승을 이유로 주식 매수를 완전히 멈춘 적이 두 번 있었다'라는 부분입니다. 상승장에서 주식 투자를 멈출 수 있다는 것은 절대 아무나 할 수 없는 어려운 일입니다. 내가 팔고 나서 계속 상승할지 모른다는 두려움을 극복하는 것은 매우 어려운 일이기 때문입니다. 이런 부분이 워렌 버핏을 '주식 투자의 귀재', '오마하의 현인'이라 칭하는 이유입니다. 워렌 버핏은 저에게 주식 공부를 하기 전에도 특별했고, 지금도 여전히 아주 특별한 분입니다.

워렌 버핏에 관한 이야기를 하는 부분이니 그의 어린 시절부터 현재까지를 살펴보고, 그분의 말과 행동 중 기억에 남는 몇 가지를 자세히 보겠습니다. 워낙 널리 알려진 분이니 이미 알고 있는 내용이더라도 다시 한번 들여다보는 것도 나쁘지 않을 것입니다.

워렌 버핏은 어렸을 때 핀볼 기계를 이발소에 설치해 돈을 모으거나 신문 배달을 하는 등 어릴 때부터 돈을 버는 것에 아주 관심이 많았습니다. 그가 11살 때 누나와 100달러의 자금으로 처음 주식 투자를 시작한 이후 90세가 넘은 현재까지 현역으로 최고 성공한 투자가로 남아 있다는 사실은 기적 같은 일입니다. 그는 펜실베니아대학 와튼 비즈니스 스쿨, 네브래스카 링컨대학, 컬럼비아대학 경영대학원에서 경제학을 공부했습니다. 그는 컬럼비아대학 경영대학원에서 영원한 스승이자 전설적인 투자자 벤저민 그레이엄(Benjamin Graham)의 수업을 들으면서 그와 연을 맺게 됐습니다. 이곳에서 그레이엄 교수로부터 유일하게 모든 과목에서 A+를 받은 것은 워렌 버핏이 유일하다고 합니다. 그 후 벤저민 그레이엄이 운영한 뉴욕의 투자 회사 그레이엄 뉴먼(Graham-Newman Corp)에서 수년간 근무했습니다.

그 후 버핏 파트너십(Buffett Partnership Ltd.)이라는 투자 조합을 설립해 본격적인 투자 인생을 시작했습니다. 처음 5년간 다우지수가 74% 상승했을 때 워렌 버핏의 투자 조합이 251%의 누적 수익률을 기록하면서 투자자가 점점 늘어 큰 성공을 거두기 시작했습니다. 1965년에는 방직회사 버크셔 해서웨이(Berkshire Hathaway)의 경영권을 인수한 후 지주 회사이자 투자 회사로 변모시켜 2022년 3월 1일 현재, 버크셔 해서웨이 Class A는 한 주 가격이 476,205달러(한화 약 5억 7,144만 원)로 거래되고 있습니다.

버크셔 해서웨이 Class B주는 321달러 수준입니다. 원래는 하나였는데 1996년 51만 7,500주의 버크셔 해서웨이 B(BRK-B)를 발행했습니다. 처음에는 B주가 A주의 1/30의 가격이었지만, 2010년 B주를 50대 1로 주식 분할해 1/1,500의 차이가 나게 됐습니다. A주와 B주의 차이는 B주가 주당 1/200의 의결권과 배당금의 차이입니다. B주를 도입하게 된 것은 A주 가격이 너무 비싸 개인 투자자들이 매수하기 어려워 더 많은 개인 투자자들이 버크셔 해서웨이 주식에 투자할 수 있게 하기 위함입니다.

워렌 버핏에 대한 투자 교훈이나 충고 등은 그동안 수없이 많은 사람이 책을 통해 말하고 있으니 제가 여기서 다시 말할 필요는 없을 듯합니다. 저는 다만 '현재 시점에서 워렌 버핏의 투자법이 적절한가?'에 대해 의문을 던지고자 합니다. 워렌 버핏을 특별히 존경하는 분들은 다소 불편하더라도 제 의도는 그분을 폄훼하려는 의도가 아닙니다. 다만 지금은 몇십 년 전과 비교해서 투자 환경이 많이 달라져서 그분의 투자 방식에 대해 고민해봐야 한다는 '화두'를 던지는 것이니 이 점을 너그러이 이해해주시기 바랍니다.

워렌 버핏이 컬럼비아대학에서 벤저민 그레이엄에게 증권분석을 공부했을 때가 1950~1951년이었는데, 이때는 대공황이 제2차 세계대전으로 인해 끝나고 미국의 경제가 활황기를 시작하는 시점이었습니다. 《증권분석》은 1934년에 초판이 쓰였으며, 1940년에 2판, 1951년에 3판이 쓰였습니다. 이 책이 처음 쓰였을 때와 1940년에 2판이 나왔을 당시는 지금처럼 뚜렷한 회계기준이 자리 잡기 전이었으며, 대공황과 제2차 세계대전으로 인해 많은 것이 혼란스러운 시기였습니다. 회계장부를 조작하는 분식회계가 판을 치던 시점이었으니 재무제표를 믿을 수 없었습니다. 이런 이유로 당시는 가치 투자가 유일한 해결책이었습니다. 벤저민 그레이엄 이후 수많은 사람이 열광하던 가치 투자의 기본 개념은 증권이 투기 수단이 아니라, 기업의 소유권 일부라고 간주하는 것이 핵심입니다. 그러기 위해서 기업가치를 극단적으로 보수적으로 평가했습니다. 즉, 분식회계 등으로 재무제표를 믿을 수 없으니 발표된 매출액이나 영업이익을 30% 정도 낮춰서 평가해야 오히려 실제와 비슷하다는 것이 기본이었습니다. 이렇게 해서 망하지 않을 저평가된 기업을 싼 가격에 사서 오랫동안 보유하면서 배당금과 주가의 상승을 크게 누릴 수 있다는 것이 가치 투자의 기본원리입니다.

그런데 그 후로 80년이 흐른 현재는 당시와는 완전히 다른 세상입니다. 첨단화된 기업회계기준과 매년 엄격하게 실시하는 철저한 회계감사와 초고속 인터넷으로 인해 기업의 상황이 실시간으로 주가에 반영되는 세상입니다. 따라서 더는 당시의 가치 투자를 현재 주식 투자에 적용하는 것은 적절하지 않은 세상이 됐습니다. 물론 좋은 기업을 사서

자료 1-1. 워렌 버핏 관련 신문 기사

증권 부동산 IT Car 금융 산업 유통 정책 정치 사회 국제 오피니언

IT > ICT

88세 버핏의 후회..."애플, 알리바바에 더 투자했어야"

류현정 선임기자 김종형 인턴 기자

입력 2017.07.29 11:59

'오마하의 현인' '투자의 귀재'라고 불리는 워렌 버핏(Warren Edward Buffett)의 선호 주식이 달라지고 있어 눈길을 끈다.

투자회사 버크셔 해서웨이(Berkshire Hathaway)의 CEO인 워렌 버핏은 그동안 "IT를 잘 모르기 때문에 기술주에 투자하지 않는다"고 입버릇처럼 말해왔지만, 최근엔 "애플과 알리바바에 더 투자하지 않은 걸 후회한다"고 여러 차례 이야기했다.

실제로 버핏이 1분기 공개한 투자 포트폴리오에는 금융과 소비재 주식이 여전히 많지만, 기술주도 적지 않았다. 7월 28일 현재 버핏의 자산은 744억달러(약85조원)로 세계 부호 중 4위다.

출처 : 류현정 선임기자, 김종형 인턴 기자, 88세 버핏의 후회…"애플, 알리바바에 더 투자했어야", <조선비즈>, 2017. 07. 29일자 기사

오랫동안 보유해야 하는 것은 지금도 맞습니다. 하지만 좋은 기업을 고르는 기준이 그때와는 많이 달라졌다는 의미입니다. 물론 워렌 버핏의 투자에 대한 통찰력은 누구도 부정할 수 없는 최고지만, 그의 가치 투자 방식은 지금 시대에는 최고가 아닐 수 있다는 것입니다.

워렌 버핏이 세상의 흐름을 제대로 읽지 못했다는 대표적인 사례가 있습니다. 그는 1990년대 말의 불확실한 IT 기업에 투자하지 않았는데, 버블닷컴의 거품이 꺼지면서 그의 통찰력이 빛을 발했습니다.

그러나 그는 2010년 이후에도 미래가 불확실한 IT 기업에 투자하지 않거나 투자하더라도 소극적으로 투자하고, 여전히 정유, 철도, 통신, 인프라 등 전통주 비중이 큰 포지션을 유지했습니다. 워렌 버핏 본인도

애플이나 아마존에 더 많이 투자하지 않은 것이 아쉽다고 말하며, 이러한 사실을 인정했습니다. 하지만 그동안 워렌 버핏이 살아온 시절에선 최고의 투자자였던 것은 분명하며, 당연히 존경받아 마땅합니다. 따라서 제가 운영하는 학원을 '워렌증권학원'이라고 한 것도 앞에서 말했던 것처럼 제 투자 철학의 상당히 많은 부분은 그분의 영향을 받았으며, 저 역시 장기 투자를 최고의 투자법이라고 생각하고 있기 때문입니다. 앞으로 마지막까지 그분처럼 성공하는 투자자로 남고 싶습니다.

3

포커 공부 이야기

제가 직장생활을 하던 때인 1990년대는 직장에서 워크숍 또는 장례식장에서 늦은 밤 포커나 고스톱 등으로 밤새우는 것이 흔하던 시절이었습니다. 당시 저는 포커 치는 것을 매우 좋아해 열심히 게임을 했는데, 승률이 동료들보다 조금 높다고 생각했지만, 지금 곰곰이 생각해보면 그다지 높지 않았던 것 같습니다. 그런 제가 한때 포커 공부를 열심히 해 직장 내 동료들과 친구들과의 포커판을 평정한 이야기를 하려고 합니다.

이 이야기를 하는 이유는 사람들이 도박으로 생각하는 포커 게임을 제가 정말 열심히 공부해 확률에 베팅하는 방법을 깨달아 더는 도박이 아니라 월등히 높은 승률을 가지게 됐던 것처럼, 주식 투자 역시 공부해 도박 같은 무모한 투기가 아니라 이길 확률이 높은 쪽으로 투자하고, 예상과 다르면 매도하는 방법을 통해 수익률을 획기적으로 높일 수 있다는 것을 알리고 싶어서입니다.

저는 신입사원 때부터 포커 게임판이 열릴 때마다 열심히 참여했습니다. 보통의 경우 장례식장에 가서 밤을 새우며 포커를 치거나 워크숍 또는 집합 교육 때 밤새 포커를 치기도 했습니다. 그뿐만 아니라 저는 특별히 포커 게임을 좋아하는 몇몇 직장 선배들과 함께 점심시간에 식당에서 치기도 하고, 심지어 여관방을 얻어놓고 밤새 포커를 치기도 했습니다. 당시 저의 승률은 절반은 따고 절반은 잃어서 승률이 그다지 높은 편이 아니었습니다. 그러던 중 어느 날 우연히 당시 베스트셀러였던 이윤희 씨의 《포커 알면 이길 수 있다》를 발견하고 생각할 겨를도 없이 서점에서 사서 단숨에 읽었습니다. 포커 책을 처음 읽은 느낌은 경이로움 그 자체였습니다. 그 후 서점에 가서 모든 포커 책을 사서 닥치는 대로 읽었습니다. 그리고 밤마다 늦게까지 인터넷 게임으로 포커를 쳤고, 회사에서는 동료들과 일과 후 수시로 포커를 쳤습니다. 공부하기 전에는 그저 그런 실력이었는데, 포커를 공부하면 공부할수록 승률은 점점 높아져 동료들과 주변 친구들을 초토화시켰습니다. 그러고 나서 열심히 공부한 내용과 실전 게임에서 얻은 각종 기술과 노하우를 요약하기 시작했습니다. 여기에 실제 사례만 추가하면, 포커 책이 될 정도로 포커에 대한 많은 내용을, 특히 이기는 법에 대해 정리했습니다.

이때 모든 게임에서 하룻밤을 기준으로 할 때 저의 승률은 거의 100%였습니다. 그 이유는 남들은 불확실성에 베팅하는 도박을 할 때 저는 확률에 베팅했기 때문입니다. 시간이 지날수록 돈은 제 앞에 쌓일 수밖에 없게 됐습니다. 게임의 승리는 확신할 수 없지만, 시간이 지나면 지날수록 확률로 베팅하는 저에게 돈이 쌓일 수밖에 없었던 것입니다.

자료 1-2. 포커 게임 이기는 방법

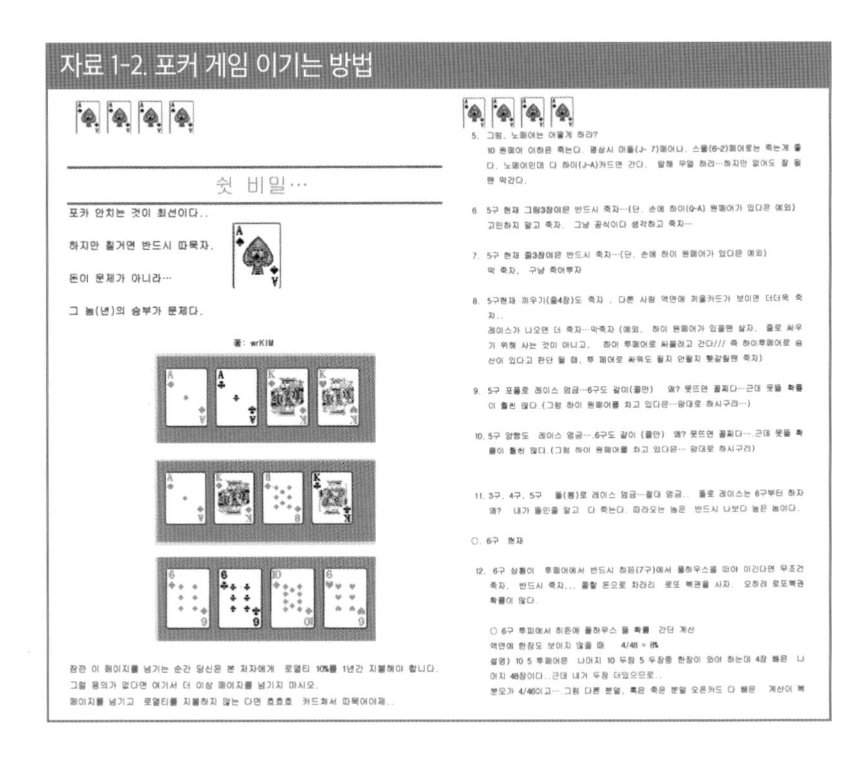

쉿 비밀…

포카 안치는 것이 최선이다..

하지만 칠거면 반드시 따묵자.

돈이 문제가 아니라…

그 놈(년)의 승부가 문제다.

著: wrKIM

잠깐 이 페이지를 넘기는 순간 당신은 본 저자에게 로열티 10%를 1년간 지불해야 합니다.
그럴 용의가 없다면 여기서 더 이상 페이지를 넘기지 마시오.
페이지를 넘기고 로열티를 지불하지 않는 다면 흐흐흐 카드쳐서 따묵어야제..

5. 그럼, 노페어는 어떻게 하라?
10 원페어 이하은 죽는다. 평상시 머플(J- 7)페어나, 스물(6-2)페어로는 죽는게 좋다. 노페어인데 다 하이(J-A)카드면 간다. 말해 무얼 하리…하지만 없어도 잘 될 땐 막간다.

6. 5구 현재 그림3장이믄 반드시 죽자…(단, 손에 하이(Q-A) 원페어가 있다믄 예외)
고민하지 말고 죽자. 그냥 공식이다 생각하고 죽자…

7. 5구 현재 줄3장이믄 반드시 죽자…(단, 손에 하이 원페어가 있다믄 예외)
막 죽자, 구냥 죽어뿌자

8. 5구현재 꺼우기(줄4장)도 죽자 , 다른 사람 액면에 꺼울카드가 보이면 더더욱 죽자..
레이스가 나오면 더 죽자…막죽자 (예외, 하이 원페어가 있을땐 살자, 줄로 싸우기 위해 사는 것이 아니고, 하이 투페어로 싸울려고 간다/// 즉 하이투페어로 승산이 있다고 판단 될 때, 투 페어로 싸워도 될지 안될지 헷갈릴땐 죽자)

9. 5구 포플로 레이스 엄금…6구도 같이(콜만) 왜? 못뜨면 꼴찌다…근데 못뜰 확률이 훨씬 많다.(그럼 하이 원페어를 차고 있다믄…맘대로 하시구라…)

10. 5구 양빵도 레이스 엄금….6구도 같이 (콜만) 왜? 못뜨면 꼴찌다….근데 못뜰 확률이 훨씬 많다.(그럼 하이 원페어를 차고 있다믄… 맘대로 하시구라)

11. 3구, 4구, 5구 볼(봉)로 레이스 엄금…절대 엄금.. 볼로 레이스는 6구부터 하자
왜? 내가 볼인줄 알고 다 죽는다. 따라오는 놈은 반드시 나보다 높은 놈이다.

○. 6구 현재

12. 6구 상황이 투페어에서 반드시 히든(7구)에서 풀하우스를 떠야 이긴다면 무조건 죽자, 반드시 죽자... 콜할 돈으로 차라리 로또 복권을 사자, 오히려 로또복권 확률이 많다.

○ 6구 투페에서 히든에 풀하우스 뜰 확률 간단 계산
액면에 한장도 보이지 않을 때 4/48 = 8%
설명) 10 5 투페어믄 나머지 10 두장 5 두장중 한장이 와야 하는데 4장 뺀은 나머지 48장이다..근데 내거 두장 더있으므로..
분모가 4/46이고….그럼 다른 분얼, 혹은 죽은 분얼 오픈카드 다 뺀은 계산이 복

몇 년 전 우연히 서재를 정리하다 당시에 정리했던 '포커 게임 이기는 방법'을 발견하고 몹시 반가웠습니다. 이것을 보면 당시 기억이 새록새록 납니다. 지금부터 당시 정리한 것을 몇 가지 소개하겠습니다. 포커 게임 규칙을 아는 분들이면 이해가 쉽겠지만, 모르시는 분들은 어려울 수 있는데, 내용을 이해하지 못해도 느낌만 전달을 받으면 제가 말하고자 의도는 충분히 전달될 것으로 생각합니다.

지금부터 상황을 이해하기 위해 포커 게임의 규칙을 간단히 설명하겠습니다. 포커 게임의 종류는 일반적으로 가장 널리 열리는 7포커가 있고, 카드 5장으로 승부를 가르는 텍사스홀덤, 높은 족보와 낮은 족보를 동시에 가르는 로하이게임, 그리고 카드 5장의 합이 가장 낮은 숫자로 승부를 가르는 바둑이 게임 등이 있습니다. 여기서는 가장 많은 사

람이 즐기는 7포커 게임에 관해 설명하겠습니다.

7포커 게임 규칙

포커는 같은 그림의 카드가 1~10, J, Q, K까지 13장으로 모두 4가지 문양이 있어 총 52장의 카드로 되어 있습니다. 문양은 스페이드(♠), 다이아몬드(♦), 하트(♥), 클로버(♣)가 있습니다. 그중에 다이아몬드와 하트는 붉은색입니다. 동일한 숫자일 경우 서양에서는 무승부로 취급하고, 동양에서는 그림에도 서열이 있습니다. 앞의 순서처럼 스페이드, 다이아몬드, 하트, 클로버순입니다.

숫자는 에이스(A), 킹(K), 퀸(Q), 백작(J), 그리고 10, 9, 8 … 3, 2 순서로 서열이 매겨집니다. 여기서 에이스(A)는 가장 높은 숫자인 동시에 숫자 1로도 사용됩니다. 포커 게임에서는 카드의 조합에 따라 서열이 정해집니다. 카드는 총 7장을 받을 수 있으니 마지막에는 7장의 카드로 승부를 정합니다. 그 순서는 다음과 같습니다.

로얄스트레이트플러쉬(Royal Straight Flush)

스트레이트플러쉬(Straight Flush)

포카드(Four of a kind)

풀하우스(Full house)

플러쉬(Flush)

스트레이트(Straight)

트리플(Triple)

투페어(Two pair)

원페어(One pair)

하이(High)카드

여기서 가장 먼저 나오는 로열스트레이트플러쉬가 가장 높은 조합입니다. 게임에서는 흔히 족보라고 합니다. 카드 족보를 정리하면 다음과 같습니다.

하이카드 : 아무도 족보를 잡지 못했을 때 각자의 카드 중 높은 카드 순서로 승부

원페어 : 같은 숫자의 카드가 한 쌍만 있을 때

투페어 : 같은 숫자의 카드가 두 쌍만 있을 때

트리플 : 같은 숫자의 카드가 3장만 있을 때

스트레이트 : 5장의 카드가 연속될 때 (ex : 2, 3, 4, 5, 6 / 4, 5, 6, 7, 8 / 10, J, Q, K, A)

플러쉬 : 5장의 카드가 같은 문양일 때

풀하우스 : 같은 숫자의 카드 3장과 같은 숫자의 카드 한 쌍을 동시에 들었을 때

포카드 : 같은 숫자의 카드 4장을 들었을 때

스트레이트플러쉬 : 5장의 카드가 연속되는데 이 5장이 문양까지 같을 때

로얄스트레이트플러쉬 : 스트레이트플러쉬의 숫자가 10, J, Q, K, A 일 때

동일한 카드 족보를 들었을 때는 조합 카드 중 더 높은 카드를 든 사람이 이깁니다. 카드 조합까지 모두 숫자가 모두 일치할 때 동양에서는 그림 서열순으로 승부를 정합니다.

앞의 자료 1-2에서 우측 페이지 6번 문항을 가지고 전략을 설명해 보겠습니다. 다시 한번 말씀드리지만 어려우면 느낌만 전달받으셔도 됩니다.

6. 총 7장의 카드를 받을 수 있는데, 카드 5장을 받은 현재 같은 문양이 3장이면 반드시 죽자. 단, 손에 하이(J. Q, K, A) 원 페어가 있다면 예외.

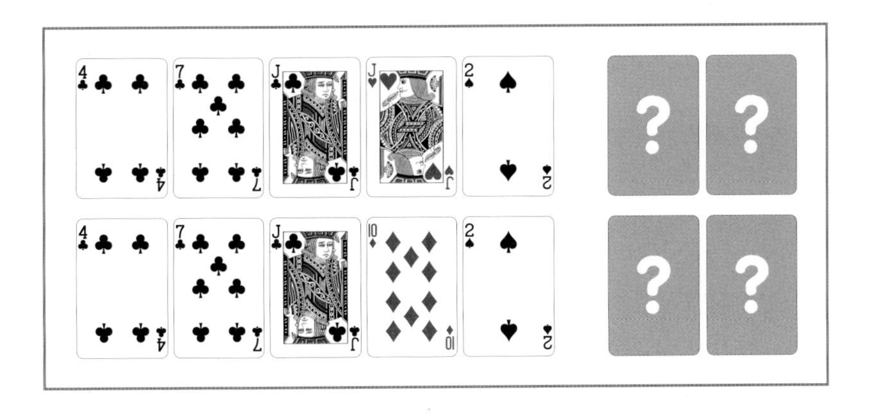

해설

앞의 상황은 2명이 카드를 치는데, 카드 7장을 받을 수 있는 가운데 현재 카드 5장을 받은 상태이고, 이때 둘 다 3장의 문양이 모두 클로버로, 앞으로 받을 수 있는 2장이 모두 클로버가 들어올 경우 같은 문양 5장이 되는 플러시가 되는 상황입니다.

그런데 위쪽 카드에서는 현재 5장의 카드 중에 클로버 3장과 높은 숫자인 J클로버와 J하트가 있어 하이 원 페어를 들고 있는 경우입니다.

이때는 6번째 카드를 보기 위해 베팅을 따라갈 수 있습니다. 그 이유는 만약에 플러시가 만들어지지 않아도 하이 원 페어나 투 페어만으로 승부를 걸어 어느 정도 이길 가능성이 있기 때문입니다.

하지만 앞의 아래쪽 그림처럼 현재 5장의 카드 중에 클로버 3장만 있고, 원 페어가 없는 상황에는 6번째와 7번째 연속으로 클로버 문양이 들어올 때 플러시가 되는데, 이 확률은 매우 낮습니다. 그러므로 6번째 카드를 받지 않고 카드를 꺾는 것이 더 유리합니다. 좀 더 상세히 설명하자면 만약에 6번째 카드를 받고, 같은 문양이 들어오지 않았다면 지고, 만약 같은 문양의 카드가 들어오면 7번째 카드까지 동일한 문양이 들어와서 같은 문양의 카드가 5장이 되어 플러시 메이드가 되어야 이 판에서 승리할 수 있는데, 만약 7번째 카드가 다른 문양이 들어온다면 무조건 지게 됩니다. 여기서 중요한 것이 나도 원하는 문양의 카드를 못 받고 다른 플레이어들도 역시 원하는 문양의 카드를 못 받을 확률도 상당히 높은데, 그럴 때 2명 모두 동일한 문양의 카드 5장이 되지 않은 상태에서 상대방이 5구에서 원 페어나 투 페어에서 풀하우스를 노렸다면, 상대가 풀하우스가 되지 않더라도 하이 원 페어나 투 페어만 잡아도 내가 지게 된다는 것입니다.

반면 내가 동일 문양의 카드 5장이 들어왔다면 '플러시' 메이드가 됐는데, 다른 플레이어가 투 페어나 트리플에서 '풀하우스'가 완성되거나 플러시가 된다면 역시 지게 됩니다. 이 게임을 이기려면 내가 원하는 카드를 연속으로 받고, 상대가 원하는 카드가 들어오지 않았을 때만 이긴다면 이것은 매우 불리한 게임입니다.

그런데 많은 플레이어들이 5구 동일한 문양의 카드 3장을 들면 두 번 연속 동일한 문양의 카드가 들어올 것이라 기대하며, 카드를 꺾지 않고 계속 게임에 참여해 크게 잃는 경우가 많습니다.

그나마 6번째 받은 카드가 다른 문양이면 확률이 현저히 떨어지니 이때라도 카드를 꺾으면 되는데, 같은 문양의 카드가 들어오게 되면 마지막 7번째 카드까지 따라가게 되어 오히려 더 크게 잃을 수 있습니다.

자료 1-3. 승패의 경우의 수

구분	나 (플러시 기대)	상대 (풀하우스 기대)	승/패
Case 1	플러시 메이드	풀하우스 메이드	패
Case 2	플러시 메이드	풀하우스 노 메이드	승
Case 3	플러시 노 메이드	풀하우스 메이드	패
Case 4	플러시 노 메이드	풀하우스 노 메이드	패

즉, 최상의 경우 내가 플러시 메이드 되고, 상대가 풀하우스가 되지 않을 때만 이깁니다. 그 외에는 내가 플러시 메이드 된 상태에서 상대가 풀하우스가 메이드 되는 경우와 내가 플러시 메이드 되지 않은 상태에서는 상대가 풀하우스 메이드든, 노메이드든 모두 지게 되므로 절대적으로 불리한 경우이므로, 이런 경우 6번째와 7번째 카드를 받지 않고 5구에서 카드를 꺾는 것이 최선입니다.

그러나 막상 게임에 임하면 확률을 무시하고, 자신의 감을 믿으며 6번째나 7번째 카드까지 받아 크게 돈을 잃는 경우가 매우 많습니다. 하지만 현명한 플레이어라면 평정심을 유지하고 확률적으로 판단해 6번째 카드를 받지 않고, 카드를 꺾는 것이 더 유리하다 판단하고 바로 카드를 꺾을 것입니다. 이처럼 확률이 높은 쪽으로 베팅하게 되면 시간이 지날수록 돈은 점점 더 많이 딸 수 있습니다.

이번에는 총 7장의 카드를 받아야 하는데, 6장의 카드를 받은 상태에서 7번째 카드를 받을 것인지, 카드를 꺾을 것인지를 판단하는 예를 들어보겠습니다. 앞의 자료 1-2에서 우측 페이지 12번 문항을 가지고 전략을 설명해보겠습니다

12. 6구 상황이 투 페어에서 반드시 7구(마지막 카드)에서 풀하우스를 떠야 이긴다면 무조건 죽자.

6구 현재 7+7, J+J 투 페어 상황

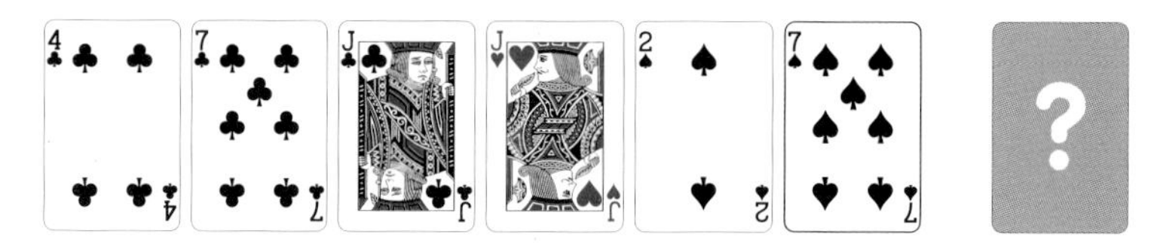

7구에 7이 들어와서 7+7+7, J+J 풀하우스 경우

7구에 J가 들어와서 7+7, J+J+J 풀하우스 경우

해설

6번째 카드를 받고 난 후 절대 패를 꺾지 않는 카드가 6구 현재, 투페어나 트리플 카드를 들고 있을 때입니다. 투페어는 7+7, J+J처럼 같은 숫자 두 쌍의 카드를 들고 있는 경우이고, 트리플은 7+7+7처럼 같은 숫자를 3개 들고 있는 경우입니다. 이 중 투페어의 경우 7이나 J가 1장 더 들어와서 7+7+7, J+J가 되거나 7+7, J+J+J처럼 같은 숫자 둘과 셋을 동시에 쥘 경우 풀하우스가 되는데, 이것은 상당히 높은 족보에 해당하므로 이것이 완성된다면 이길 확률이 매우 높습니다. 트리플의 경우 6장의 카드에서 7+7+7처럼 동일한 숫자가 셋이고, 나머지 3장의 카드는 모두 다른 숫자일 경우, 이 다른 3개의 숫자 중 아무거나 동일한 숫자의 카드가 들어온다면 역시 풀하우스가 되어 상당히 높은 레벨의 카드를 쥐게 되어 이 게임에서 이길 가능성이 큽니다.

이럴 경우 6번째 카드를 받은 상태에서 7번째 카드를 받아야 할지, 말아야 할지 결정해야 합니다. 사실 이런 경우 대부분 7번째 카드를 받는데, 앞서 말했듯 반드시 원하는 카드가 들어와야 이길 수 있다면 패를 꺾는 것이 현명합니다. 그 이유는 투 페어가 7번째 카드에서 풀하우스가 완성될 확률은 아무리 높아야 8%밖에 되지 않기 때문입니다. 이것은 열 번에 한 번꼴도 되지 않는 확률이니 족보가 완성되지 않아도 이길 수 있다면 따라가지만, 반드시 메이드 되어야 이긴다면 패를 꺾어야 합니다.

이때 초보자들은 포커 게임할 때 "누가 포커 칠 때 일일이 확률 계산하고 하느냐?"라고 말하는 사람들이 있는데, 고수들은 계산하지 않아도 사전에 이미 다 암기하고 있습니다.

제가 포커에 대해 열심히 공부한 결과, 높은 확률에 베팅하고 낮은 확률에는 패를 꺾는 방법으로 게임을 해 시간이 지날수록 돈을 벌 수밖에 없도록 확률에 따라 베팅하는 것이 최선이라는 것을 깨닫게 됐습니다.

저에게 주식 투자를 배우는 분들에게도 이 경험을 바탕으로 주식 투자를 깊이 있게 연구하라고 합니다. 주식 투자는 불확실하므로 요행을 바라고 도박처럼 투자하지 말고, 성공 확률이 높을 때 투자해야 합니다. 성공 확률이 예상과 다르게 낮을 때는 매도해 현금을 보유하는 방법으로 확률이 높은 쪽으로 행동할 수 있도록 끊임없이 훈련을 시켜 성공 확률을 높이고 있습니다.

여기서 제가 말하고 싶은 결론은 주식 투자를 혹시나 하는 감에 의존해 한두 종목에 집중해서 투자하는 등 도박(투기)으로 하지 말고, 꾸준히 공부해 성공 확률이 높을 때 매수해 예상과 다르면 짧게 손절하고, 예상대로 상승하면 이탈가를 높이면서 수익을 길게 끌고 가며 수익을 극대화하자는 것입니다.

4

포커, 카지노 그리고 주식 투자 이야기

2000년 초부터 포커 공부를 열심히 하고 난 후 단순히 운에 베팅하는 도박을 하지 않고 이길 확률이 높으면 베팅하고, 낮으면 패를 꺾는 게임을 하면서 회사 동료들이나 친구들과 포커를 칠 때마다 돈을 따니 미안하기도 했고, 무엇보다 도박이 재미있는 것은 불확실성에 대한 기대감인데, 기계적으로 이길 확률이 높을 때만 게임을 하고 승률이 낮을 때는 게임을 포기하니 언제부터인가 게임이 지루한 노동이 되어 더는 재미가 없어졌습니다.

그래서 저는 어느 순간 갑자기 포커를 치지 않겠다고 선언했습니다. 그러던 중 제가 강릉에서 근무할 당시 강원도 정선군 사북읍에 강원랜드 카지노가 생겼다는 말을 듣고, 처음에는 호기심에 구경 갔습니다. 그 후 여러 번 구경 삼아 놀러 가서 카지노에 있던 게임들을 하나둘씩 하게 됐습니다. 그러면서 자연스럽게 카지노 관련 책을 여러 권 사서 공부를 하게 됐는데, 카지노 역시 공부를 하니 자연스럽게 확률이 높을 때 게임에 참가하고, 확률이 낮을 때는 게임을 하지 않고 카지노보다 불리한 2%는 베팅을 조절해 극복하게 되는 요령을 터득했습니다.

전작《어이 김과장! 주식 투자 이젠 배워서 하자!》에서 설명한 카지노 부분을 보신 분들께서는 이 설명이 어렵지 않겠지만, 못 보신 분들을 위해 간략하게 요약해드리겠습니다.

자료 1-4. 정선 카지노 관련 기사

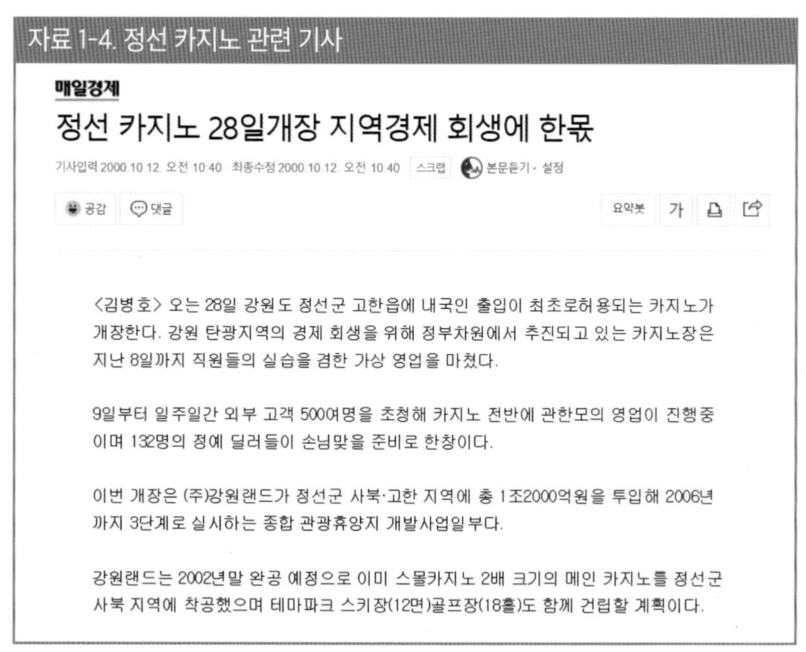

매일경제

정선 카지노 28일개장 지역경제 회생에 한몫

기사입력 2000.10.12. 오전 10:40 최종수정 2000.10.12. 오전 10:40 스크랩 본문듣기 • 설정

공감 댓글 요약봇 가

<김병호> 오는 28일 강원도 정선군 고한읍에 내국인 출입이 최초로허용되는 카지노가 개장한다. 강원 탄광지역의 경제 회생을 위해 정부차원에서 추진되고 있는 카지노장은 지난 8일까지 직원들의 실습을 겸한 가상 영업을 마쳤다.

9일부터 일주일간 외부 고객 500여명을 초청해 카지노 전반에 관한모의 영업이 진행중이며 132명의 정예 딜러들이 손님맞을 준비로 한창이다.

이번 개장은 (주)강원랜드가 정선군 사북·고한 지역에 총 1조2000억원을 투입해 2006년까지 3단계로 실시하는 종합 관광휴양지 개발사업일부다.

강원랜드는 2002년말 완공 예정으로 이미 스몰카지노 2배 크기의 메인 카지노를 정선군 사북 지역에 착공했으며 테마파크 스키장(12면)골프장(18홀)도 함께 건립할 계획이다.

출처 : 김병호 기자, 정선 카지노 28일 개장 지역경제 회생에 한몫, <매일경제>, 2000년 10월 12일자 기사

카지노에서 하는 게임은 대부분 카지노가 고객보다 2% 유리하게 게임의 룰이 설정되어 있습니다. 강원랜드 슬롯머신 승률은 외국 카지노가 89%인 데 반해 강원랜드는 이보다 높은 94.5%로 조정되어 있습니다. 그런데 이것은 게임마다 이렇게 돌려주는 것이 아니라 일명 '잭팟'이라는 이름으로 1명에게 몰아주어 고객들에게 대박의 환상을 심어 불

나방처럼 쫓아오도록 만듭니다. 또한, 그 외 블랙잭, 룰렛, 다이사이 등 대부분 종목 역시 고객이 2% 불리한 조건에서 게임을 하게 되어 있습니다.

하지만 이 불리한 2%를 베팅 금액을 조절해 게임에 이기는 확률을 높이는 방법이 있습니다. 여러 가지 카지노 게임 중에 확률을 계산할 필요도 없이 가장 간단한 홀짝을 맞추는 게임에 베팅하는 룰렛이나 다이사이가 있고, 이것들보다 복잡하지만 비슷한 승률의 게임으로 블랙잭이라는 게임 역시 고객이 이길 확률 49%, 카지노가 이길 확률 51%로 카지노가 2% 정도 유리합니다. 즉, 이 유리한 2% 때문에 게임을 하면 시간이 지날수록 카지노가 돈을 따게 되어 있다는 의미입니다. 그리고 카지노에서 대부분 게임은 베팅 하한액과 상한액이 정해져 있습니다. 만약 이것이 없다면 처음에 소액으로 베팅해 돈을 잃을 경우 이길 때까지 배수로 베팅한다면 카지노는 백전백패일 것이기 때문입니다. 이 베팅 상한액과 하한액이 정해져 있는 불리한 룰을 베팅을 통해 극복하는 방법을 설명하겠습니다.

카지노에서 가장 쉬운 게임으로 누구나 쉽게 할 수 있는 게임이 룰렛입니다. 이 게임의 규칙은 0에서 36까지 숫자 칸에 회전하던 구슬이 그중 한 곳에 들어갈 경우 해당 번호에 베팅한 금액의 36배를 지급하는 게임입니다. 이 게임이 흥미진진한 것은 이뿐만이 아니라 이웃하는 두 숫자 사이에 베팅해 이웃하는 두 숫자 중 아무것이나 나올 경우 18배를 지급하고, 이웃하는 4개의 숫자에 동시에 베팅할 경우 이웃하는 4개의 숫자 중 아무것이나 나오면 9배를 지급합니다. 또한, 1~12까지, 13~24까지, 25~36까지 상·중·하를 맞출 경우 3배를 지급하고, 심지어 홀수나 짝수 또는 적색이나 검은색에 베팅해 맞출 경우 1배를 지급

자료 1-5. 룰렛 테이블

합니다. 그런데 이 게임에서 카지노가 유리한 것은 0과 00이 있다는 것입니다. 유럽식은 0 하나만 있고, 미국식은 0과 00이 있습니다. 0이 하나일 때 카지노는 2.7% 유리하고, 0과 00인 경우에는 카지노가 약 5% 유리합니다. 하지만 여기서는 편의상 고객이 2% 불리하다고 설명하겠습니다. 1~36과 0, 00의 38개의 숫자가 있는데, 최고 당첨금이 36배라는 것이 고객에게 불리한 2%입니다. 이 불리한 2%를 베팅 금액을 조절하면 조금 더 유리하게 게임을 이끌 수 있습니다.

룰렛 게임에서 가장 단순하게 홀수나 짝수 중 한 곳에 베팅해 맞을 경우 1배를 벌고, 틀릴 경우 1배를 잃는 홀짝에만 베팅하겠습니다. 최저 베팅 금액인 1만 원에서 최대 베팅 금액인 30만 원 이하로 베팅 금액의 상·하한이 정해져 있는데, 저는 여기서 매번 홀수에만 베팅하겠습니다. 그리고 처음 베팅 금액은 항상 최소 베팅 금액인 1만 원을 걸고 맞추게 된다면 1만 원을 벌고, 다음 판에 또다시 홀수에 1만 원을 베팅합니다. 만약 틀리면 직전에 잃은 1만 원에 1만 원을 더해 2만 원을 역시 홀수에 베팅하는데, 맞추면 직전에 잃은 것까지 포함해 1만 원을 따고, 다음 판에 다시 1만 원부터 베팅합니다.

이렇게 하면 6번 연속 짝수가 나올 경우 마지막 여섯 번째 판은 최대

자료 1-6. 불리한 2%를 극복하는 베팅의 기술

구분	1회	2회	3회	4회	5회	6회
	1만 원	2만 원	4만 원	8만 원	16만 원	30만 원
1차	승					
2차	패	승				
3차	패	패	승			
4차	패	패	패	승		
5차	패	패	패	패	승	
6차	패	패	패	패	패	승
'승'의 경우 다시 1만 원 베팅						

베팅 금액인 30만 원을 걸어서 홀수가 나와서 따면 다시 1만 원부터 시작하고, 만약 틀리면 총 60만 원을 잃게 됩니다. 이렇게 승률이 49%로 2% 불리한 게임에서도 6번의 기회를 가질 수 있습니다.

물론 확률이 반반이더라도 6번 모두 짝수가 나올 수 있고, 홀수만 나올 수도 있습니다. 하지만 그 확률은 매우 희박합니다. 하지만 그 확률은 0.56, 대략 1% 정도로 매우 낮습니다. 물론 연속으로 6번 이상 틀릴 확률은 낮지만, 만에 하나 6번 연속으로 잃으면 그날 게임은 끝내는 것이 맞습니다. 하지만 도박사들은 여섯 번 연속 홀수가 나왔으면, 다음에는 틀림없이 짝수가 나올 것으로 생각하면서 짝수에 돈을 거는 경우가 많습니다. 이처럼 앞서 홀수가 여섯 번 나왔을 때 다음번에 짝수가 나올 확률이 1/2보다 높을 것으로 생각하는 것을 '도박사의 오류'라고 합니다.

세계 기록은 홀수가 연속으로 19회 나온 것입니다. 그러니 예상과 다르면 깨끗하게 게임을 포기할 줄 아는 것도 이기는 방법 중 하나입니다. 이 룰을 잘 지키면 카지노 갈 때마다 따서 나올 확률이 매우 높습니다. 이렇게 베팅을 통해 불리한 2%를 완전하지 않지만, 어느 정도 극복할 수 있습니다. 마카오 베네티안 호텔에 축구장보다 더 커 보였던(실제로 더 크지는 않겠지만 개인적으로 느끼기엔 매우 넓었음) 카지노에서도 제가 써먹었던 방법입니다. 이 방법으로 약 1시간 정도 따니 카지노 관계자들이 제 테이블을 빙 둘러섰던 기억이 있습니다.

포커와 카지노에서 확률에 베팅하던 것을 주식 투자에 적용할 수 있는 방법이 없을까를 고민하다 몇 가지 방법을 고안했습니다.

첫 번째 방법은 손절은 짧게, 수익은 길게 끌고 가는 방법입니다. 주식 공부에서 차트를 공부하게 되면 점차 하락 확률은 낮고, 상승 확률은 높은 유형의 차트가 눈에 들어오기 시작합니다. 이런 유형의 차트가 보이면 다음과 같은 순서대로 매매하면 크게 수익을 낼 수 있습니다. 가장 먼저 매수할 종목이 정해지면 그 종목의 매수 자리는 하락 확률은 낮고, 상승 확률은 높은 자리에서만 매수합니다. 그리고 매수할 때 반드시 손절가를 사전에 정해 매수해야 하고, 만약 정해둔 손절가를 이탈한다면 가차 없이 손절하는 것이 원칙입니다. 마지막으로 사전에 고른 종목을 매수할 때 이탈가를 미리 정하고 매수한 종목이 예상대로 상승하면, 이탈가 역시 점차 올리면서 추세 매매로 수익을 극대화해야 합니다. 이렇게 되면 손절은 짧고 수익은 크니 꾸준히 수익을 낼 수 있습니다. 심지어 손절 횟수가 더 많은 하락장이라고 하더라도, 또는 매수한 종목 중에 손절하는 종목이 더 많더라도, 수익을 낼 때는 손절할 때보다 훨씬 크게 수익을 내니 계좌에 쌓이는 돈은 점점 더 늘어납니다. 더구나 주식 시장이 상승장이거나 횡보장에는 수익을 길게 끌어가며 큰 수익을 종종 낼 수 있으니 계좌가 늘어날 확률이 훨씬 높습니다.

두 번째 방법은 오랫동안 하락하던 주식이 상승으로 전환하는 포인트에서 매수하는 방법입니다. 투자자들은 외국인과 기관의 순매수가 이어져 상당 기간 상승이 진행해 시중에 알려지기 시작하는 종목을 뉴스에서 보고 추격 매수하는 경우가 많은데, 그런 종목은 가급적 피하고, 하락하던 주가가 하락을 멈추고 반등하기 시작하는 초기에 매수하는 방법입니다. 이 방법은 매수하고 나서 수일간 횡보할 수가 있어 다소 지루하더라도 손실 확률은 매우 낮고, 수익 확률은 매우 커 성공 확률이 비교적 높습니다.

이것들 외에도 성공 확률이 높은 여러 가지 방법이 있습니다. 따라서 기본적인 지식을 배우지 않고 남의 말을 듣거나 뉴스를 보고 성급히 매수해 손실을 키우지 말고, 반드시 주식 투자 방법에 대해 기회가 있으면 꼭 배운 다음 주식 시장에 뛰어들라고 권하고 싶습니다.

결론적으로 포커 게임이든, 카지노 게임이든, 또는 주식 투자든 모두 이길 확률이 낮을 때는 피하고, 이길 확률이 높을 때 베팅하거나 투자하면 성공 확률이 매우 높아진다는 것을 기억하시길 바랍니다.

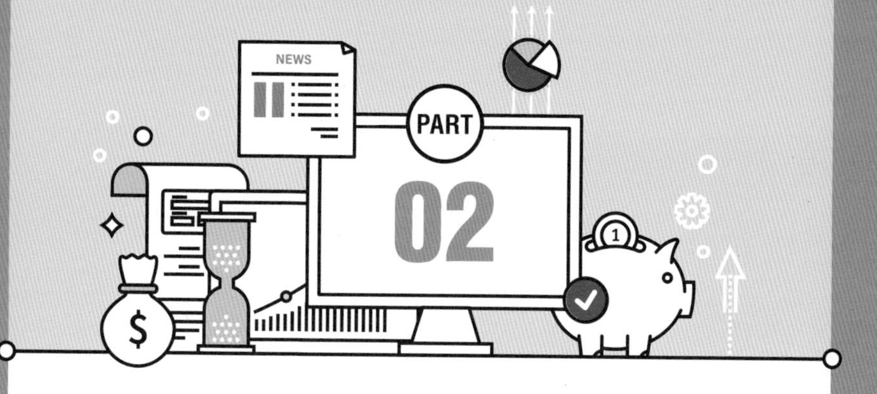

주식 투자 실전 편 1:
글로벌 시황 적중

여기에서는 주식 투자를 하는 데 있어 급락장의 시작을 예상하거나, 과거 급락장의 끝에서 반등장을 예상하거나, 또는 특정 종목을 추천해 크게 성공한 사례를 자세히 분석해 주식 투자로 성공을 꿈꾸는 분들에게 가능성을 제시하고자 합니다.

처음 공부를 시작하는 분들에게는 올바른 공부의 방향성을 제시하고, 이미 주식 투자 공부가 선행됐거나 경험이 있는 분 중 어려움을 겪는 분들에게는 과거와 현저히 달라진 새로운 증시 환경을 이해시키고, 앞으로 시장의 방향성을 전망하는 방법을 구체적으로 알려드리며, 또한 나아가 크게 상승할 종목을 발굴할 때 지침서로 유용하게 쓰이면 좋겠습니다.

1

/

1년 7개월간 지독한 하락 끝에 반등 예측

우리나라 증시는 2018년 1월 30일 이후 2019년 8월 6일까지 1년 7개월간 코스피와 코스닥 지수가 30~40% 이상 급락한 지독한 하락장이었습니다. 다음의 자료 2-1에서 보듯이 코스닥 지수가 고점 대비 40% 이상 급락했으니 개별 종목들은 대부분 50~70% 하락해 개인 투자자들이 엄청난 손실을 입을 때였습니다. 그런 하락 추세가 이어지다 2019년 1월부터 반등하다가 다시 2019년 4월 15일 단기 고점 이후 4개월간 지속해서 급락했습니다. 코스닥 지수가 또다시 30%가량 추가 하락해 수많은 개인 투자자들이 절망하며 자포자기했습니다. 그해 여름 주식 시장은 참으로 지독했습니다. 당시 기진맥진한 수많은 개인 투자자들이 견디다 못해 주식 시장을 떠났습니다. 그러던 중 2019년 8월 6일, 급락의 끝자락에서 마지막 숨이 끊어지기 직전에 저는 과감하게 지수 반등을 외쳤고, 증시는 다음 날부터 기적처럼 반등하기 시작했습니다.

자료 2-1. 2018년 1월 이후 1년 7개월간 지독한 하락 코스닥 차트

그 후로 증시는 2020년 2월까지 7개월간 계속 상승했습니다. 여기서 중요한 것은 어떤 근거로 반등을 확신했는지에 대한 것을 자세히 살펴보는 것입니다. 이것을 자세히 분석하는 것이 중요한 이유는 매번 아주 똑같은 패턴이 아니라도, 비슷한 상황이 발생할 때 이것을 근거로

자료 2-2. 지독한 하락 후 반등하는 모습의 코스닥 차트

증시를 예측하는 데 도움이 되기 때문입니다.

당시에 연일 하락하던 중에 제가 국내 증시가 다음 날 반등할 가능성이 매우 크다고 말할 수 있었던 몇 가지 근거가 있었습니다.

첫째, 이날 미국이 중국을 환율조작국으로 지정했지만, 중국이 입는 피해는 크지 않고 우리나라 또한 큰 영향은 없을 것으로 생각했는데, 그 후 관련 기사가 뉴스에 실렸습니다.

> 미국 정부가 중국을 환율조작국으로 지정했습니다. 미 재무부는 어제(5일) 성명을 통해 스티븐 므누신(Steven Mnuchin) 장관이 도널드 트럼프(Donald Trump) 대통령에게서 부여받은 권한으로 중국을 '환율조작국'으로 결정했다고 밝혔습니다.
>
> - 출처 : 미, 중국 '환율조작국' 지정, <VOA>, 2019년 8월 6일자 기사 인용 -

> 트럼프 대통령의 중국 환율조작국 지정 트윗 이후 각국 증시는 출렁거렸다. 다우존스, S&P500, 나스닥 등 미국 주요 주가지수는 3% 내외 급락했고, 일본, 중국 … (중략).
>
> - 출처 : 김재중·김은성 기자, 미·중, 이번엔 환율전쟁 … 세계 경제 '패닉' 그림자, <경향신문>, 2019년 8월 6일자 기사 인용 -

하지만 김회정 기획재정부 국제경제관리관은 6일, 미국이 중국을 환율조작국으로 지정한 것과 관련해 "우리나라는 중국과 다른 상황"이라고 선을 그었습니다.

자료 2-3. 미국, 중국 환율조작국 지정 관련 기사

기획재정부 "미국, 중국 환율조작국 지정...우리나라와는 관계 없어"

조승환 기자 | 입력 2019.08.06 22:51 | 댓글 0

[이코노뉴스=조승환 기자] 김회정 기획재정부 국제경제관리관은 6일 미국이 중국을 환율조작국으로 지정한 것과 관련해 "우리나라는 중국과 다른 상황"이라고 선을 그었다.

김 국제경제관리관은 이날 서울 중구 은행회관에서 개최된 관계기관과 합동점검반 회의 후 취재진과 만나 "미국이 중국을 환율조작국으로 지정한 것은 현재 진행 중인 미·중 갈등의 과정에서 나온 것"이라며 이같이 말했다.

김 국제경제관리관은 "(우리나라는) 중국과 상황이 다르기 때문에 미국 재무부와 협의해 나가겠다"며 "오늘 (미국이) 중국을 환율조작국으로 지정한 것은 우리나라와 관계가 없다"고 분명히 했다. 이어 "미국은 이미 중국의 환율 정책에 대한 우려를 표명했었다"며 "미·중 무역협상 중이라 특별히 조치를 취하지 않다가 어제 한 것이다. 우리나라와는 상황이 다르다"고 했다.

출처 : 조승환 기자, 기획재정부 "미국, 중국 환율조작국 지정…우리나라와는 관계없어", <이코노뉴스>, 2019년 8월 6일자 기사

둘째, 그동안 몇 달씩 연일 순매도하던 연기금 4,300억 원, 금융 투자 5,200억 원 등 기관들이 1조 300억 원을 순매수하면서 지수를 방어했습니다. 이것은 뭔가 상황이 달라졌다는 것을 의미합니다. 연기금의 경우 주가 하락으로 운용자금 중 주식 비중이 일정 수준 이하로 줄어들면 순매수로 전환하는데, 그 상황이 되어 순매수로 전환되어 이 흐름이 한동안 지속할 가능성이 컸습니다.

셋째, 외국인들이 장기간 순매도했으며, 또한 주식을 대량으로 빌려 매도했던 공매도 물량을 되사서 갚는 '숏커버링' 매수세가 들어올 것으로 예상했습니다.

넷째, 2019년 7월 1일 대비 8월 5일에 개인 투자자들이 본인 보유 주식을 담보로 자금을 빌려 주식을 매수하는 신용 잔고가 증시 급락으로 인한 반대 매매가 속출하면서 1조 2,000억 원이 감소했습니다. 증시 하락이 지속하면 반대 매매가 나오면서 신용 잔고가 축소되는데, 신용 잔고가 1조 원 이상 감소할 경우 증시가 반등하는 경우가 많습니다.

당시 급락장이 지속하면서 반대 매매가 급증해 신용 잔고가 1조 원 이상 급감했습니다. 그런데 이 법칙은 1년 후 2020년 하반기 동학 개미 열풍으로 신규 투자자들이 주식 시장에 대거 들어오면서 투자자 예탁금이 사상 최고치인 70조 원을 돌파하면서 깨졌습니다.

요약하면, 미국의 중국에 대한 환율조작국 지정이 우리나라에 영향이 적을 것이라고 기획재정부에서 밝혔고, 연기금을 포함한 기관들의 대규모 순매수로 전환했습니다. 또한, 외국인 투자자들의 공매도 했던 물량을 되사서 갚는 대규모 숏커버링이 예상됐으며, 많이 내린 증시 영향으로 반대 매매가 급증해, 급격한 신용 잔고 청산으로 인해 다음 날 증시는 반등할 것이라고 자신 있게 말할 수 있었습니다(유튜브 워렌TV 2019년 8월 6일자 '명쾌한 마감시황' 영상 참조).

사실 하염없이 하락이 이어지던 급락장에서 다음 날 반등을 예상하는 유튜브 영상을 업로드하는 것은 무모한 일입니다. 그런데 제가 그렇게 할 수 있었던 이유는 주식 시장에서 오랫동안 경험했던 수많은 노하우를 토대로 철저한 분석에 의한 결과입니다.

저는 용한 점쟁이가 아닙니다. 그보다는 오랫동안 쌓인 최고 수준의 시황 분석을 통해 철저한 분석으로 합리적인 결론을 내리는 '탁월한 전략가'로 불리는 것을 좋아합니다. 이런 수준에 이르기까지 아주 오랜 시간을 매일 거의 20시간씩 오로지 주식 투자 연구에만 집중했습니다. 저의 도움이 필요한 모든 사람에게 수준 높고, 깊이 있는 고차원적인 노하우를 전수하고자 노력하고 있습니다. 연령이나 사회적 경험, 그리고 주식 투자 기간 등의 개인차가 커서 모든 사람이 하루아침에 배우긴 어렵지만, 저에게 기본적인 내용을 배우고 나서 오랜 시간 스스로 또는 저와 함께 노력하면 여러분 누구나 저 정도의 경지에 도달할 수 있게 될 것이라 믿습니다.

2

/

코로나19로 인한 증시의 대폭락 예측

2020년 1월 초에 중국 우한에서 코로나19가 발생해 전 세계적으로 확산하기 시작하면서, 신규 확진자 수가 서서히 급증하기 시작했습니다.

그런데도 뉴욕 증시는 연일 상승하면서 사상 최고치를 경신했습니다. 2020년 2월 21일 금요일에는 뉴욕 증시의 3대 지수인 다우지수 0.78% 하락, 나스닥지수 1.79% 하락, S&P500는 1.05%가 하락해 소폭 하락에 그치며 마감했습니다. 이 정도의 소폭 하락은 수시로 일어나는 수준으로 대폭락을 의미하는 것은 아니었습니다.

그러나 2월 23일 일요일 강의에서 저는 뉴욕 증시의 역사적 대폭락을 예상했습니다. 당시의 강의 내용은 유튜브 '워렌TV' 채널의 2월 26일자 영상에서 확인할 수 있습니다. 제가 대체 어떤 근거로 뉴욕 증시의 대폭락을 예상했는지, 지금부터 그렇게 판단한 이유를 자세히 설명하겠습니다.

자료 2-4. 코로나19 관련 기사

OBS 뉴스

경인코로나 어떻습니

홈 뉴스중심 경인PICK 경인뉴스Q 뉴스 브런치 분야별 다시보기

실시간 뉴스 탄 시위 진정…국내외 갈등은 고조 러,

홈 > 국제

中 '우한 폐렴' 확산 심각…도시 봉쇄령 확대

최진만 | 입력 2020.01.24 20:28

【앵커】
중국은 신종 코로나바이러스 확산이 위험 수위에 달했습니다.
하루가 다르게 사망자가 증가하는 가운데 중국 정부는 발원지인 후베이성 우한은 물론 주변 지역으로 도시봉쇄령을 확대했습니다.
최진만 기자입니다.

출처 : 최진만 기자, 中 '우한 폐렴' 확산 심각 … 도시 봉쇄령 확대, <OBS 뉴스>, 2020년 1월 24일자 기사

뉴욕 증시는 다우지수, 나스닥지수 그리고 S&P500지수 3가지가 있습니다. 다우지수는 미국의 다우 존스사가 뉴욕증권 시장에 상장된 우량기업 주식 30개를 기준으로 해 산출하는 세계적인 주가지수를 말하는데, 미국 증권 시장의 동향과 시세를 알려주는 대표적인 주가지수로 꼽히는 지수입니다. 나스닥지수는 벤처기업이나 첨단 기술 관련 기업들의 주식이 뉴욕증권거래소 외의 장외 시장에서 전자식으로 증권시세를 보도하는 나스닥 시장의 종합주가지수를 말합니다. 애플, 야후, 아

마존닷컴, 테슬라 등 대표적인 기업을 포함해 1,300여 개 종목들이 편입되어 있습니다. 이를 본떠 만든 것이 우리나라의 코스닥 시장입니다. S&P500지수는 국제 신용평가기관인 스탠더드앤푸어드(S&P)가 뉴욕증권거래소에 상장된 우량기업 500개 사를 대상으로 작성해 발표하는 주가 지수로, 미국뿐만 아니라 세계에서 가장 많이 활용되는 대표적인 지수입니다. 이 중에 빅테크 중심의 나스닥지수를 대표로 설명하겠습니다. 나스닥을 대표로 설명하는 이유는 최근 세계적으로 시가총액 1위를 비롯한 최대기업들이 나스닥지수에 포함되어 있기 때문입니다.

나스닥지수를 포함한 뉴욕 증시는 2007년 서브프라임 모기지론 대규모 부도로 인한 세계 금융위기가 몰아치며 세계 증시가 폭락했는데, 2009년 3월을 저점으로 시작해 2020년 2월까지 지수가 6배 이상 상승한 상태였습니다.

자료 2-5. 나스닥지수 차트(2020년 2월 18일)

이때 중국 우한에서 시작된 코로나19 확진자가 전 세계적으로 폭발하며 증가하고 있었습니다. 미국의 3대 증시는 세계 금융위기 이후 10

여 년 동안 엄청나게 많이 상승해 차익 실현의 핑계가 필요했는데, 때마침 코로나19가 전 세계적으로 퍼져 나간 것입니다. 한동안 큰 조정 없이 많이 오른 증시가 코로나19 확산을 핑계 삼아 많이 상승한 만큼 매우 큰 조정이 있을 것으로 판단해 자신 있게 '대폭락'을 주장했습니다. 또한, 뉴욕 증시가 크게 조정을 받는다면 미국에 상당 부분 수출에 의존하고 있는 우리나라 증시도 당연히 조정받으리라는 것을 쉽게 예상할 수 있었습니다.

자료 2-6. 미중 무역전쟁 협상 관련 기사

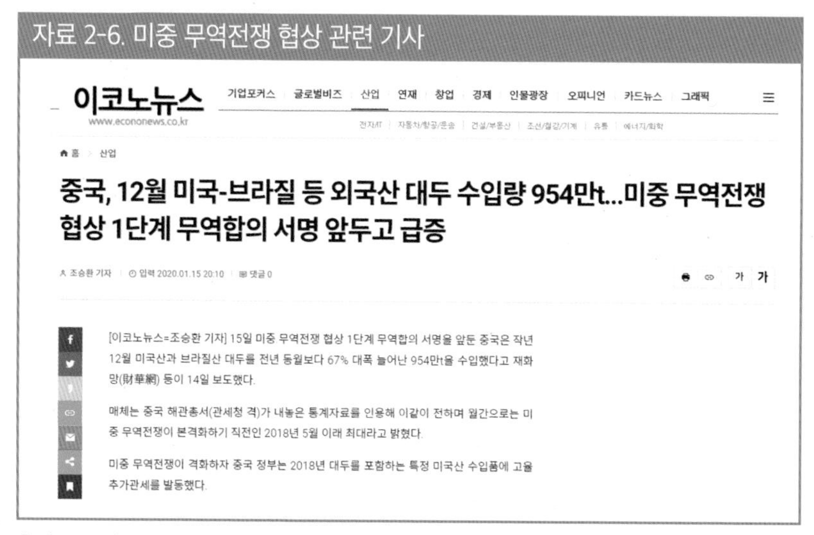

이코노뉴스
www.econonews.co.kr

기업포커스 | 글로벌비즈 | 산업 | 연재 | 창업 | 경제 | 인물광장 | 오피니언 | 카드뉴스 | 그래픽

전자/IT | 자동차/항공/운송 | 건설/부동산 | 조선/철강/기계 | 유통 | 에너지/화학

홈 > 산업

중국, 12월 미국-브라질 등 외국산 대두 수입량 954만t...미중 무역전쟁 협상 1단계 무역합의 서명 앞두고 급증

조승환 기자 | 입력 2020.01.15 20:10 | 댓글 0

[이코노뉴스=조승환 기자] 15일 미중 무역전쟁 협상 1단계 무역합의 서명을 앞둔 중국은 작년 12월 미국산과 브라질산 대두를 전년 동월보다 67% 대폭 늘어난 954만t을 수입했다고 재화망(財華網) 등이 14일 보도했다.

매체는 중국 해관총서(관세청 격)가 내놓은 통계자료를 인용해 이같이 전하며 월간으로는 미중 무역전쟁이 본격화하기 직전인 2018년 5월 이래 최대라고 밝혔다.

미중 무역전쟁이 격화하자 중국 정부는 2018년 대두를 포함하는 특정 미국산 수입품에 고율 추가관세를 발동했다.

출처 : 조승환 기자, 중국, 12월 미국-브라질 등 외국산 대두 수입량 954만t … 미중 무역전쟁 협상 1단계 무역합의 서명 앞두고 급증, <이코노뉴스>, 2020년 1월 15일자 기사

트럼프 대통령 집권 후 2년간 끌어왔던 중국과의 심각한 무역전쟁이 2020년 1월 15일에 미중 무역전쟁 협상 1단계 무역 합의가 타결되며 차익 실현의 핑곗거리가 사라지면서 시장은 계속 상승하던 차에 코로나19의 확산은 증시 조정의 아주 좋은 핑계가 됐습니다.

2020년 2월 20일경 상황은 대규모 공장지대인 중국 우한지역이 코

로나19로 인해 초토화되면서 가장 먼저 중국이 경제적 충격을 크게 받게 됐습니다. 따라서 매우 큰 중국 시장에 상당 부분의 매출을 의존하고 있는 애플, 테슬라 등 글로벌 기업 실적이 급감할 것이 확실했습니다. 시가총액 세계 1위인 애플은 중국에 대규모 생산 시설도 있고, 매출의 상당 부분을 중국이 차지하고 있었으며, 더구나 당시 애플 주가가 급등하고 있었으니 가장 먼저 크게 조정을 받을 것이 예상됐습니다. 이것이 도화선이 되어 반도체 등 IT 관련 기업들 주가가 따라서 급락하면서 나스닥을 포함해 미국 증시 전체가 폭락하고, 또한 전 세계 증시도 함께 폭락할 것이라 예측했습니다.

따라서 저는 강의에서 현금 비중을 일정 수준 이상 보유해야 한다고 솔루션을 제공했습니다. 그리고 그대로 저의 예상이 적중해 지난 80여 년간 한 번도 경험하지 못한 대폭락을 경험하게 됐습니다. 여기서 제가 여러분들에게 말씀드리고자 하는 것은 앞서 설명해드렸던 '뉴욕 증시 대폭락 예측' 사례를 자세히 분석하고, 또한 매일 끊임없이 글로벌 시황, 국내 시황 그리고 업황을 연구하면 독자 여러분도 글로벌 증시의 향후 전망을 예측할 수 있다는 것입니다.

3

/

팬데믹으로 인한 대폭락 후 역사적 V자 반등 예측

앞서 설명한 것과 같이 코로나19로 인해 2020년 2월 24일부터 전 세계 증시가 폭락하기 시작했습니다.

자료 2-7. 다우지수 차트(2020년 3월 20일)

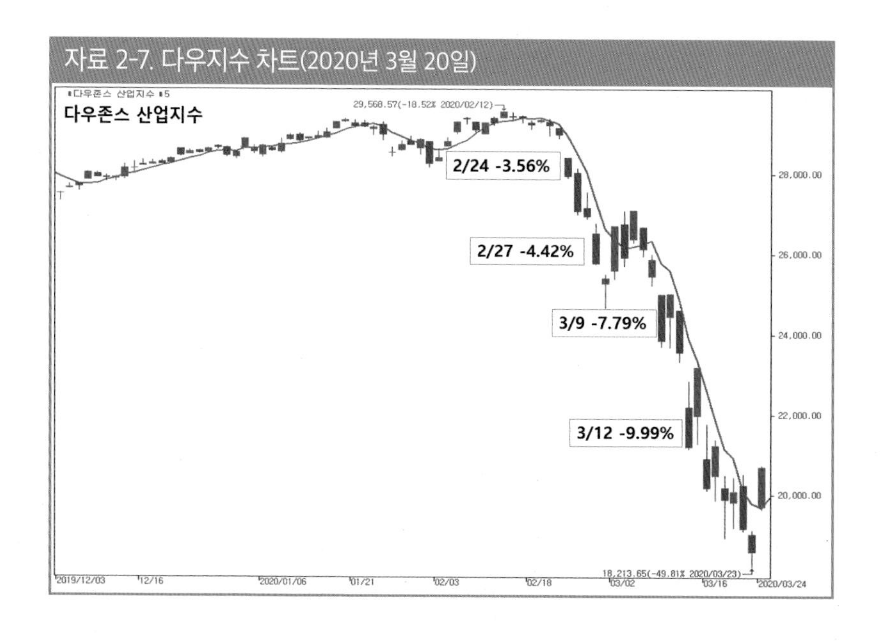

다우지수가 2월 24일 3.56% 하락을 시작으로 2월 27일 4.42% 급락, 3월 9일 7.79% 폭락, 3월 12일에는 9.99% 폭락했습니다. 1987년의 이른바 '블랙 먼데이' 당시 22% 이상 대폭락 이후 가장 큰 낙폭을 기록하면서 33년 만에 '최악의 날'을 맞이했습니다. 다음 날인 3월 13일에는 9.36% 폭등하더니 다음 주 월요일인 3월 16일에는 지난 13일의 9.99% 폭락을 훨씬 능가하는 12.93%로 대폭락했습니다. 다우지수 폭락으로는 1987년 블랙 먼데이 때 단 하루 만에 22.61% 대폭락한 사

자료 2-8. 미국 증시 폭락 관련 기사

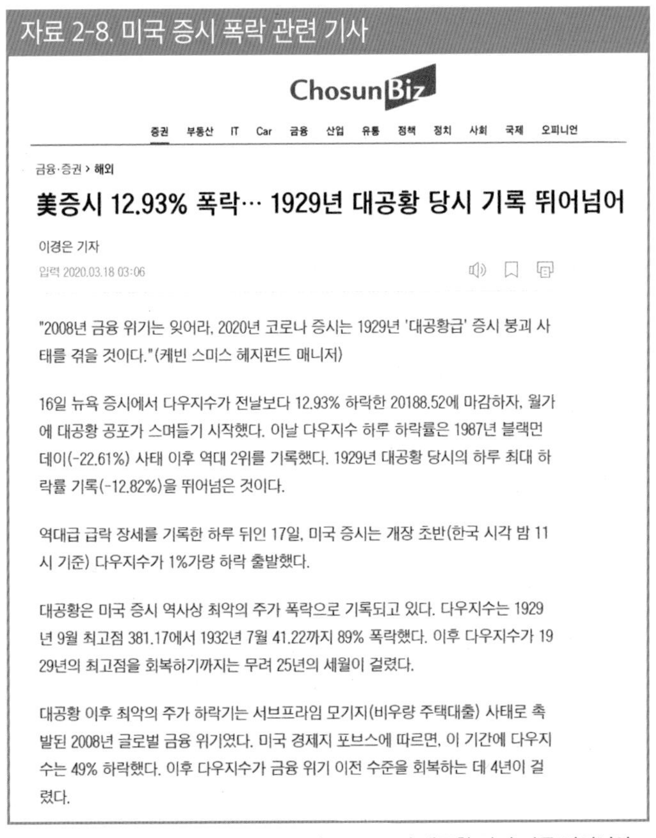

ChosunBiz

증권 부동산 IT Car 금융 산업 유통 정책 정치 사회 국제 오피니언

금융·증권 > 해외

美증시 12.93% 폭락… 1929년 대공황 당시 기록 뛰어넘어

이경은 기자

입력 2020.03.18 03:06

"2008년 금융 위기는 잊어라, 2020년 코로나 증시는 1929년 '대공황급' 증시 붕괴 사태를 겪을 것이다."(케빈 스미스 헤지펀드 매니저)

16일 뉴욕 증시에서 다우지수가 전날보다 12.93% 하락한 20188.52에 마감하자, 월가에 대공황 공포가 스며들기 시작했다. 이날 다우지수 하루 하락률은 1987년 블랙먼데이(-22.61%) 사태 이후 역대 2위를 기록했다. 1929년 대공황 당시의 하루 최대 하락률 기록(-12.82%)을 뛰어넘은 것이다.

역대급 급락 장세를 기록한 하루 뒤인 17일, 미국 증시는 개장 초반(한국 시각 밤 11시 기준) 다우지수가 1%가량 하락 출발했다.

대공황은 미국 증시 역사상 최악의 주가 폭락으로 기록되고 있다. 다우지수는 1929년 9월 최고점 381.17에서 1932년 7월 41.22까지 89% 폭락했다. 이후 다우지수가 1929년의 최고점을 회복하기까지는 무려 25년의 세월이 걸렸다.

대공황 이후 최악의 주가 하락기는 서브프라임 모기지(비우량 주택대출) 사태로 촉발된 2008년 글로벌 금융 위기였다. 미국 경제지 포브스에 따르면, 이 기간에 다우지수는 49% 하락했다. 이후 다우지수가 금융 위기 이전 수준을 회복하는 데 4년이 걸렸다.

출처 : 이경은 기자, 美증시 12.93% 폭락 … 1929년 대공황 당시 기록 뛰어넘어, <조선비즈>, 2020년 3월 18일 기사

태 이후 역대 2위를 기록했습니다. 1929년 대공황 당시의 하루 최대 하락률 기록인 12.82%를 뛰어넘으며, 세계 증시는 연일 폭락과 폭등, 그리고 또 대폭락을 반복하면서 패닉장에 빠졌습니다. 개인 투자자들이 투매에 동참하고, 또한 반대 매매까지 반복되면서 당시 증시는 아비규환이었습니다.

2020년 3월 19일 목요일에 뉴욕 증시가 전전날 12.93% 폭락했고, 우리 증시 역시 코스피 8.39% 대폭락한 날인 2020년 3월 18일에 저는 '워렌TV'에 '증시 역사적 V자 급반등 가능성'이란 영상을 올렸습니다. 그리고 다음 날인 2020년 3월 20일 장 시작과 동시에 5종목을 일제히 총매수했습니다. 그리고 거짓말처럼 그다음 주 화요일부터 글로벌 증시는 일제히 급등하면서 역사적 V자 반등을 시작했습니다.

자료 2-9. 증시 역사적 V자 급반등 가능성(0318 마감시황 영상)

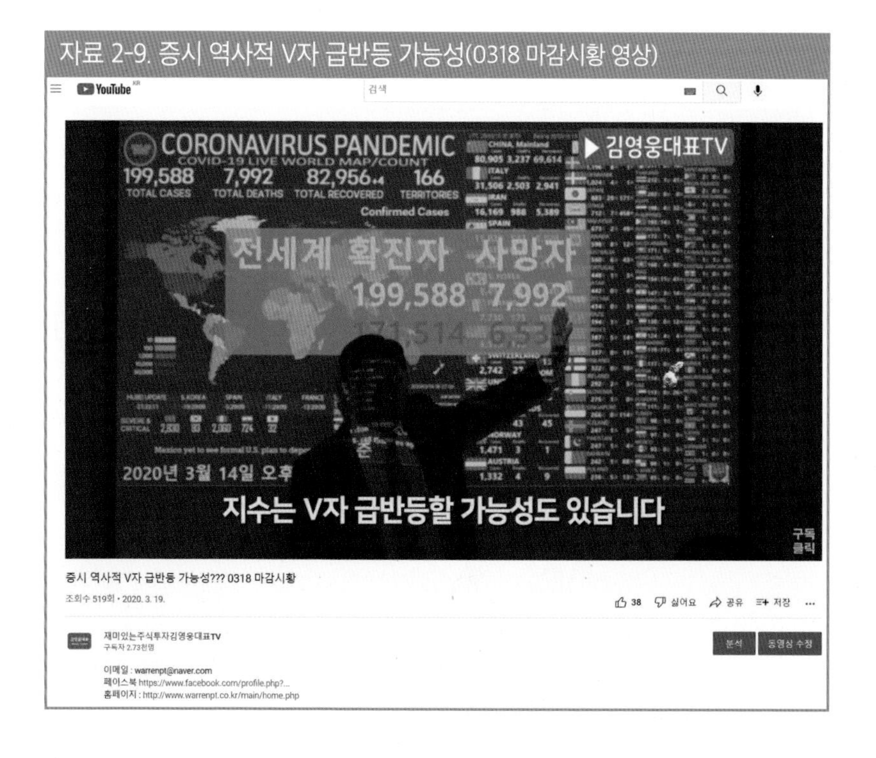

지금부터 주식 시장이 패닉에 빠져 아수라장 그 자체였던 상황에서 세계에서 가장 먼저 V자 반등을 외쳤던 이유에 대해 자세히 알려드리겠습니다.

첫 번째 이유는 '기술적 반등'이 없는 대폭락입니다. 세계 금융위기 때 자료 2-10에서 보는 것과 같이 2007년 10월 11일 고점으로 시작해 2009년 3월 6일 저점까지 다우지수가 무려 53% 하락하면서 중간에 20% 하락하고, 다시 20% 상승하는 등 기술적 반등을 거치면서 하락했으나, 이번에는 2020년 2월 21일 이후 36.6% 대폭락하면서 기술적 반등이 없는 '수직낙하'였습니다.

기술적 반등은 시장을 좌지우지하는 외국인과 기관 투자가들의 큰 자금들도 주가가 급락하면서 미처 매도하지 못하고 물리기 때문에 이들이 빠져나오려면 주가를 일시적으로 반등시켜 이를 반등으로 알고 쫓아 오는 매수자들(주로 불쌍한 개인 투자자들이 대부분)에게 물량을 넘기는 것입니다. 따라서 폭락장 이후 기술적 반등은 반드시 등장합니다.

자료 2-10. 2007년 세계 금융위기 vs 2020년 코로나19 팬데믹 급락 비교 차트

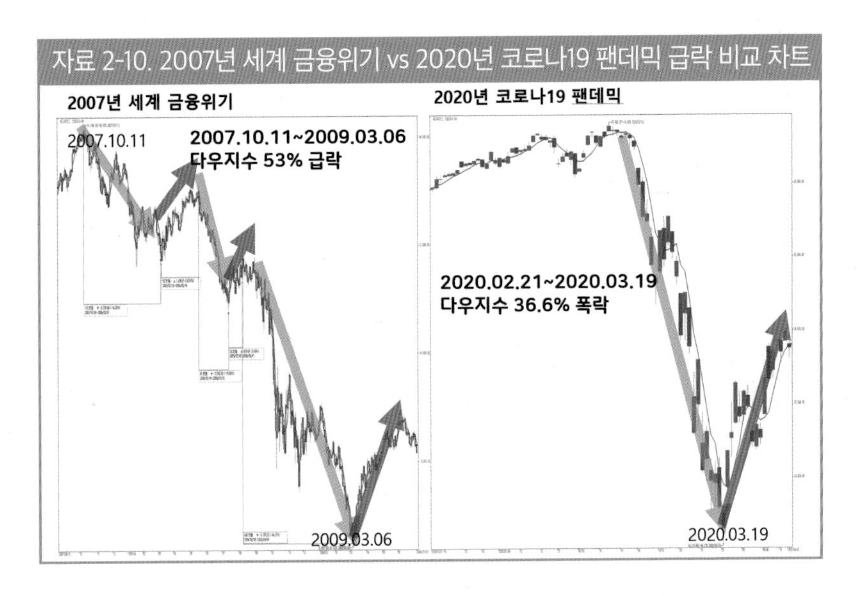

주식 격언에 '낙폭이 크면 반등도 크다'라는 말이 있는데, 이것은 유례없이 급락한 증시는 탁구공처럼 튀어 오른다는 의미입니다.

두 번째 이유는 연방준비제도 위원회(이하 연준)에서 사상 최대 규모 지원책입니다.

자료 2-11. 미 연준 양적완화 재개 관련 기사

원·달러 환율, 연준 100bp 대규모 긴급 금리인하…1,200원대 초중반 등락 예상

기사입력 **2020-03-16 11:30:20**

[산업일보]
16일 원달러 환율은 연준의 100bp의 대규모 긴급 금리인하 및 양적완화 재개로 인한 달러 약세를 반영하며 하락할 것으로 예상된다.

미 연준이 두 번째 긴급 FOMC회의를 열었다. 이 회의에서 연준은 ▲100bp규모의 금리 인하(인하 후 0.0 ~ 0.25%) ▲7천억 달러 규모의 양적완화 프로그램 재개(국채 및 MBS 매입) ▲경제 개선 시까지 제로금리 수준 유지 등을 결정했다.

환율은 이와 같은 미 연준의 대규모 금리인하에 따른 달러 약세를 반영하며 급격히 하락할 것으로 전망된다.

다만, 미 연준 금리인하에 따라 S&P 선물지수가 4%가까이 폭락함에 따라 국내 증시에서 외인 매도세가 이어질 것으로 관측돼 하단은 지지될 것으로 보인다. 또한, 여전한 바이러스 불확실성도 하단을 지지하는 요인이다.

<자료출처 =한국무역보험공사>

출처 : 신상식 기자, 원·달러 환율, 연준 100bp 대규모 긴급 금리인하 … 1,200원대 초중반 등락 예상, <산업일보>, 2020년 3월 16일자 기사

미 연방준비제도이사회는 2020년 3월 15일 일요일 오후에 긴급 회의를 가진 후에 기준 금리를 기존 1.00%~1.25%에서 0.00%~0.25%로 100bp(1bp=0.01%) 인하했습니다. 코로나19 사태에 연준은 경제 개선 시까지 기준 금리의 제로금리 수준 유지를 결정했습니다. 또한 7,000억 달러 규모의 국채주택저당채권증권(MBS)을 매입하며 사실상

의 양적완화(QE) 프로그램을 재개했습니다.

2020년 3월 18일, 도널드 트럼프 미국 행정부가 코로나19 확산에 따른 충격 완화를 위해 1조 달러(한화 1,240조 원) 규모의 경기 부양책을 추진한다고 밝혔습니다. 특히 이 부양책에는 미국인들에게 현금 1,000달러 이상씩 지급하는 방안이 포함됐습니다. 개개인이 코로나19로 인한 피해의 급한 불을 끌 수 있도록 현금을 지급하기로 한 것입니다. 모든 공연 관람, 운동 경기, 극장 및 식당 등 모든 외부 활동을 제한하는 '락다운'으로 모든 국민이 집에서 외부 활동을 최대한 자제하고, 이동을 제한할 수밖에 없어 내수경기가 폭락하는 상황에서 국민 1인당 1,000달러씩 나눠줄 테니 국민들이 이것을 사용해 내수경기를 살리자

자료 2-12. 미국 코로나19 확진 관련 기사

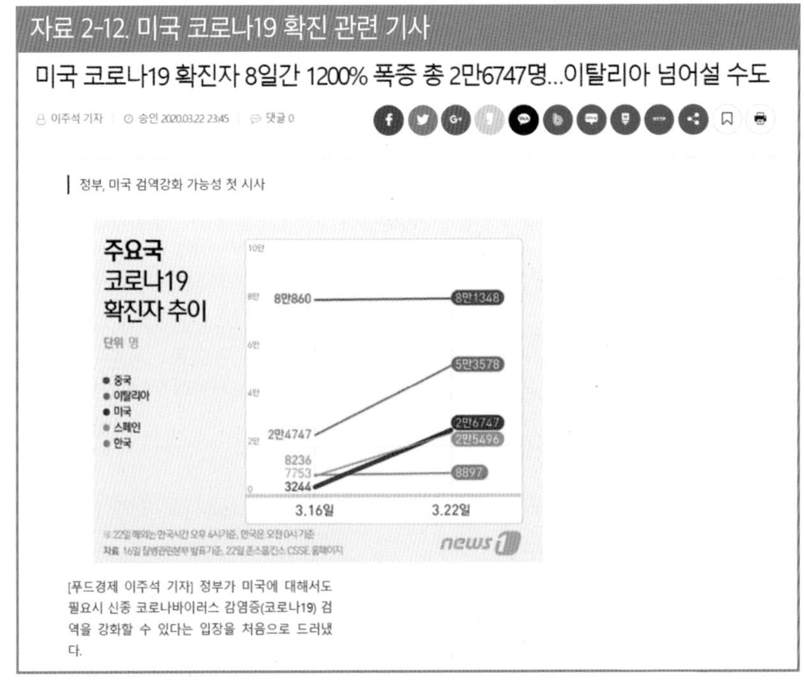

미국 코로나19 확진자 8일간 1200% 폭증 총 2만6747명...이탈리아 넘어설 수도

이주석 기자 | 승인 2020.03.22 23:45 | 댓글 0

정부, 미국 검역강화 가능성 첫 시사

[푸드경제 이주석 기자] 정부가 미국에 대해서도 필요시 신종 코로나바이러스 감염증(코로나19) 검역을 강화할 수 있다는 입장을 처음으로 드러냈다.

출처 : 이주석 기자, 미국 코로나19 확진자 8일간 1200% 폭증 총 2만6747명 … 이탈리아 넘어설 수도, <푸드경제신문>, 2020년 3월 22일자 기사

는 취지였습니다. 대규모 현금 살포뿐만 아니라 연준이 기업들의 대규모 부실 채권을 매수하고, 각종 구제안을 발표하면서, 사실상 제로금리 시대를 열며 시장에 어마어마한 유동성을 뿌렸습니다.

세 번째 이유는 코로나19 확진자가 급증하고 있는 가운데 코로나19 진단검사를 전 국민 대상의 전수조사를 통해서 확진자를 선별해 격리하면, 코로나19 확진자 수가 단기간은 급증하겠지만 중기적으로 보면 결국 감소하게 될 것이라는 사실이었습니다.

그때부터 치료약 개발과 백신 개발 등 온갖 장밋빛 뉴스가 쏟아지고, 코로나19를 해결할 수 있다는 자신감이 생기면서 증시는 그 기대감에 일제히 상승할 것이었습니다. 그렇게 코로나19가 전 세계적으로 어느 정도 진정될 가능성이 보이면, 역사적으로 한 번도 경험하지 못한 폭락장을 경험했듯이, 반등 또한 우리가 역사적으로 한 번도 경험하지 못한 V자 반등일 가능성이 매우 크다고 예측한 것입니다. 그 후 우리나라 증시를 포함해 전 세계 증시는 실제로 한 번도 경험하지 못한 '역사적 V자 반등'을 경험하게 됩니다.

저는 오랜 시간 주식 시장에 있으면서 매일 새벽 6시부터 다음 날 새벽 1시까지 오로지 주식 관련 시황을 분석하고, 예측하는 일을 십수 년째 하고 있습니다. 그러니 어쩔 수 없이 시장에 대한 통찰력과 분석력이 남들보다 조금 더 나은 것 같습니다. 제 유튜브 채널 영상에 나스닥 대폭락을 정확하게 예측한 영상을 남겨놓은 것과 같이 '역사적 V자 반등'까지 정확하게 예측하는 영상을 박제했습니다. 이것은 절반은 운이겠지만, 절반 이상은 오랜 시간 수많은 공부와 연구, 그리고 경험에서 더해진 통찰력의 힘입니다. 독자 여러분들도 노력하면 할 수 있습니다.

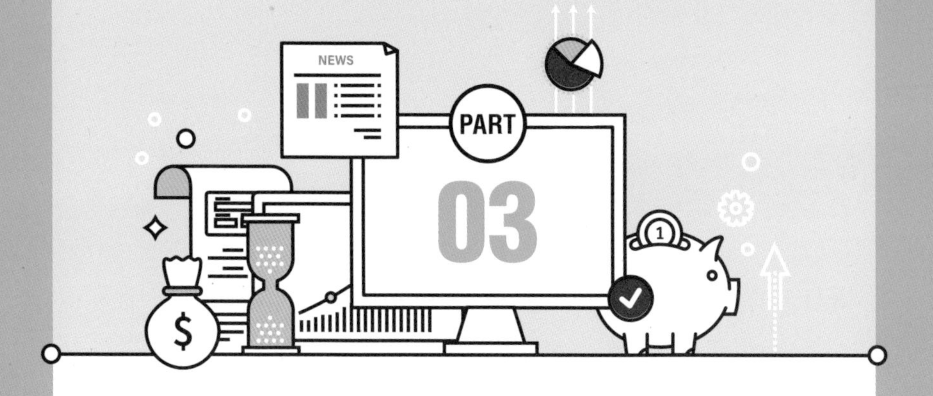

주식 투자 실전 편 2 :
종목 발굴 성공 사례

종목 발굴 성공 사례를 설명하기에 앞서 기업의 안정성과 성장성을 파악하기 위해 기본적 분석에 해당하는 '초간단 재무제표 체크포인트'를 반드시 확인해야 합니다. 따라서 여기서 전작《어이, 김과장! 주식 투자 이젠 배워서 하자!》에 있는 내용 중 '초간단 재무제표 체크포인트'를 다시 한번 요약해서 설명하고, 이를 통한 실제 분석 사례를 상세히 알려드리고자 합니다.

초간단 재무제표 체크포인트

모든 상장 기업은 1년에 한 번씩 회계기간 종료 후 90일 이내 회계감사를 받아 의무적으로 공시해야 합니다. 과거에는 회계감사가 형식적이었습니다. 그런데 2015년 4월경 대우조선해양에서 약 3조 원 규모의 분식회계가 드러나면서, 부실회계감사로 인해 크게 손실을 본 소액 주주들이 회계법인에 대해 손해배상청구 소송을 했습니다.

이에 최근에는 회계감사가 더욱더 엄격해지면서 부실기업에 대한 회계감사의 의견 거절 또는 부적정 의견도 수시로 나오고 있어 그 어느 때보다 우량기업과 부실기업을 구분할 필요성이 커졌습니다. 따라서 부실기업을 가려내기 위해 어려운 재무제표를 분석하는 기본적 분석의 중요성이 더욱더 커지고 있습니다. 하지만 비전문가들이 재무제표 분석을 통해 부실기업을 가려내는 것은 어렵습니다. 그래서 제가 간단하게 몇 가지만 확인하면 부실기업을 비교적 정확하게 가려낼 수 있는 '초간단 재무제표 체크포인트 방법'을 고민 끝에 만들어냈습니다.

개인 투자자가 부실기업을 가려내는 데 현재까지 알려진 유일한 방법은 쉽지 않지만, 재무제표를 자세히 분석하는 것입니다. 또한, 올해 초 불거진 오스템임플란트 직원의 2,200억 원 횡령처럼 임직원 횡령이나 계약 파기 또는 주문 취소, 갑자기 발생하는 문제 등 급작스러운 악재를 피하는 방법은 한 종목당 비중을 10% 이내로 투자해 리스크를 최소화하는 방법이 유일합니다.

하지만 지금부터 제가 설명할 내용은 지금까지 알려지지 않은 방법으로, 복잡한 재무제표를 굳이 전부 분석할 필요가 없고, 기업회계를 모르는 사람도 쉽게 할 수 있는 방법입니다. 누구나 간단하게 몇 가지를 체크해 부실기업을 가려낼 수 있는 획기적인 분석 방법입니다.

대부분의 증권사 HTS에는 'FnGuide'가 제공됩니다. 일단 이것을 이용해 몇 가지 중요한 포인트를 확인하도록 하겠습니다. 'FnGuide' 가장 첫 화면의 '시세 현황'에서 '시가총액'과 '발행 주식수', 그리고 '유동 주식 비율'을 체크하면 됩니다. 유동 주식 비율이 30% 이내인 종목을 '품절주'라고 하는데, 평소에는 하루 거래량이 거의 없이 지지부진한 경우가 많습니다. 하지만 갑자기 폭등해 큰 시세를 만들기도 하는데, 이것은 유동 주식수가 적어서 작은 자금으로 급등시킬 수 있으므로 세력이 고의로 단기 급등시켜 차익을 실현하는 경우입니다. 하지만 평소에는 거래량이 하루 몇천 주 또는 몇백 주이므로 매도하고 싶어도 제때, 제 가격에 매도할 수 없으니 거래량이 적은 품절주는 피하는 것이 좋습니다.

유동 주식 비율이 80~90% 이상으로 대주주 지분이 매우 적은 경우 부실주인 경우가 많습니다. 이런 종목들은 '유상증자'와 '전환사채(CB)'를 수시로 발행하는 경우가 많으니 역시 피해야 합니다. 만약 테마주에 엮어 움직일 때는 소액으로 단기간 매매하고 빠지는 것이 좋습니다. 대부분 종목들은 유동 주식 비율이 40~70% 사이로 이런 주식들이 매매하기 적당합니다.

다음으로 중요한 것은 운용사별 보유 현황입니다. 자산운용사 편입이 많은 종목일수록 안정적인 기업일 가능성이 큽니다. 특히 삼성자산운용, 미래에셋자산운용 등 대형 자산운용사가 많을수록 좋지만, 최소한 한두 개 이상 섞여 있는 종목을 투자하는 것이 좋습니다. 기업이 부실해지면 자산운용사들이 손절하므로 자산운용사들이 하나둘씩 빠져나가는 종목은 피하는 것이 좋습니다.

Business Summary에서는 기업 요약 및 업종과 향후 전망을 확인할 수 있습니다. 업종을 자세히 살펴보고 사양 산업이라면 피하는 것이 좋습니다. 예를 들어 이번 정부 초기에 탈원전 정책을 추진하면서 제가 한국전력은 절대 피해야 한다고 강조했는데, 그 후로 끝없이 하락하고 있습니다. 또한, 최근에는 혼자 사는 사람이 늘어나면서 대형 마트에서 장을 보는 비중이 줄어들고 있으며, 전날 저녁 12시 전에 주문하면 다음 날 새벽 7시 전에 문 앞까지 배송해주는 시대이므로 대형 마트 관련주들은 피하는 것이 좋습니다.

Financial Highlight는 요약 재무제표로써 몇 년 치 실적을 보여주므로 추이를 살펴 매출액이 계속 감소하거나, 영업이익이 계속 감소하는 기업은 피하는 것이 좋습니다. 또한, 당기순이익이 2년 이상 적자인 기업은 가급적 피하는 것이 좋습니다. 특히 정기 회계감사 기간인 매년 3월에는 3년 연속 적자기업은 관리종목이나 상장폐지 대상이 될 수 있으니 보유하면 안 됩니다.

부채 비율이 100% 이상인 기업은 피해야 합니다. 1997년 IMF를 겪으면서 당시 대부분 기업은 혹독한 구조조정 끝에 살아남았습니다. 그 이후 배당을 줄이고 부채 비율은 최소화하고, 사내 현금 유보를 많이 하는 기업들이 많습니다. 따라서 부채 비율이 100% 이상인 기업은 부실기업일 가능성이 크므로 피하는 것이 좋습니다. 하지만 건설업, 중공업, 제약바이오 등 전통적으로 레버리지(기업 대출)를 많이 사용하는 업종은 예외를 적용해 업종별 평균 부채 비율 대비 부채 비율이 높은 기업은 피하는 것이 좋습니다.

다음으로 제가 가장 중요하게 생각하는 항목인 '유동비율'입니다. 유동비율은 1년 안에 현금화할 수 있는 유동자산을 1년 안에 갚아야 할 유동부채로 나눈 값으로, 이것이 100% 이상인 종목은 유동성 문제가 없다고 볼 수 있습니다. 하지만 이것이 100% 미만인 기업은 매우 좋지 않으므로 피하는 것이 좋습니다. 유동비율이 높다는 것은 현금 유동성 또한 좋은 것이므로 재무제표에서 어려운 현금흐름표를 보지 않고 이것으로 판단하셔도 됩니다.

이상 전작《어이, 김과장! 주식 투자 이젠 배워서 하자!》에서 '초간단 재무제표 체크포인트' 부분을 요약했습니다. 이 책을 보지 않으신 분들은 꼭 보시기를 권합니다.

지금부터 주식 투자 실전 편 두 번째로 '종목 발굴 성공 사례'를 여러분들이 새로운 종목을 발굴할 때 이대로 따라만 하면 될 수 있도록 상세히 설명하겠습니다.

1

LG화학, 200% 이상 수익 낸 사례

LG화학은 2020년 초 자동차용 배터리 공급에서 세계 1위 업체였으나 한동안 많이 하락했고, 더구나 코로나19로 인해 더 많이 하락한 상태였습니다. 당시 저는 향후 상승 가능성이 매우 큰 종목인데, 당시 너무 싼 주가여서 열심히 추천해 크게 수익을 낸 종목입니다.

먼저 이 종목에 대해 앞서 설명한 것과 같이 '초간단 재무제표 체크 포인트'를 이용해 상세히 분석하는 방법을 먼저 알려드린 후에 실전 사례를 상세히 설명하겠습니다.

LG화학 초간단 기본적 분석 - FnGuide 기준

자료 3-1. LG화학 시세 현황 - FnGuide

시세현황 [2022/01/18]			단위 : 원, 주,%
종가/ 전일대비	694,000/ -13,000	거래량	245,949
52주.최고가/ 최저가	1,028,000/ 615,000	거래대금 (억원)	1,731
수익률 (1M/ 3M/ 6M/ 1Y)	-0.43/ -16.08/ -16.18/ -28.01	외국인 보유비중	49.02
시가총액 (상장예정포함,억원)	514,515	베타 (1년)	0.96662
시가총액 (보통주,억원)	489,911	액면가	5,000
발행주식수 (보통주/ 우선주)	70,592,343/ 7,688,800	유동주식수/비율 (보통주)	46,679,581 / 66.13

LG화학은 시가총액 51조 4,000억 원 규모의 초대형주입니다. 시가총액은 5조 원 이상이면 대형주로 보는 것이 일반적이니, 얼마나 큰 종목인지 대충 짐작할 수 있을 것입니다. 뚜렷한 기준이 있는 것은 아니고 관행적으로 그렇게 표현하고 있습니다. 총발행 주식수는 보통주 7,000만 주이고, 그중 우선주는 768만 주입니다. 발행 주식에서 시중에 유통되는 유동 주식 비율은 66.13%로서 적당합니다. 유동 주식 비율이 30% 이하면 대주주 물량이 너무 많으므로, 평소 거래량이 매우 적어서 작은 변동성에도 급등락이 심할 수 있고, 또한 매도하고 싶을 때 거래량이 매우 적어 제때 적당한 가격에 매도를 못 할 수도 있습니다. 또한, 유동 주식 비율이 80% 이상일 경우에는 대주주 지분이 적어 경영권을 위협하는 M&A 사냥꾼의 표적이 될 수 있습니다.

초간단 기본적 분석 두 번째는 운용사별 보유 현황입니다. 기본적 분석을 하는 이유는 첫째, 망하지 않을 기업인가, 둘째, 저평가된 기업인가, 셋째, 성장성 기업인가 등 몇 가지가 있겠지만, 이 중에서 가장 중요한 것은 첫 번째인 '망하지 않을 기업인가'입니다. 이것을 판단하는 전통적인 방법은 재무제표 중에 대차대조표와 현금흐름표를 분석하는 것

자료 3-2. LG화학 운용사별 보유 현황 - FnGuide

운용사별 보유 현황 [2021/09]

단위 : 천주, 억원, %

운용사명	보유수량	시가평가액	상장주식수내비중	운용사내비중
미래에셋자산운용	670.41	5,202.41	0.95	1.11
삼성자산운용	561.22	4,355.07	0.80	0.90
한국투자신탁운용	123.98	962.05	0.18	0.51
케이비자산운용	105.95	822.13	0.15	0.36
엔에이치아문디자산운용	84.59	656.38	0.12	0.51
교보악사자산운용	63.29	491.13	0.09	0.49
키움투자자산운용	55.95	434.18	0.08	0.39
한화자산운용	52.13	404.55	0.07	0.41
하나유비에스자산운용	39.32	305.12	0.06	0.25
마이다스에셋자산운용	26.38	204.69	0.04	0.80

입니다. 하지만 회계를 배우지 않은 사람들이 기초부터 배워서 이를 분석해 망하지 않을 기업을 판단하는 것은 매우 어려운 방법입니다. 또한, 회계에 관한 공부 자체가 초보자에게는 난수표를 해독하는 것처럼 어려울 수 있습니다. 그래서 제가 누구나 쉽게 망하지 않을 기업을 찾아내는 가장 쉬운 방법을 '초간단 재무제표 체크포인트'에서 설명하는 것입니다.

자료 3-2처럼 여러 자산운용사가 이 종목을 보유하고 있다면, 최소한 이 기업은 망하지 않을 기업이라고 판단하셔도 됩니다. 자산운용사 역시 타인의 투자금을 위탁받아 운용하는 입장에서 망할 가능성이 큰 부실 기업에 투자를 결정할 수는 없기 때문입니다. 더구나 1개가 아닌 3~4개 이상 운용사가 이 종목을 보유하고 있다면 믿을 수 있는 안전한 기업이라고 생각하셔도 됩니다. 굳이 투자자가 어려운 재무제표를 공부해가며 분석할 필요가 없습니다.

따라서 LG화학은 이름만 대면 알 수 있는 자산운용사인 미래에셋자산운용, 삼성자산운용 등 10여 개사가 보유하고 있으니 믿을 수 있는 기업입니다. 그런데도 자산운용사가 한 곳도 투자하지 않은 기업이 망하지 않을 기업인지 판단하고 싶을 때는 어떡해야 할까요? 그 방법은 '초간단 재무제표 체크포인트'에서 성장성 산업인지, 최근 수년간 흑자 기업인지, 유동비율이 150% 이상 높은지 여부를 확인하면 됩니다.

자료 3-3. LG화학 Business Summary - FnGuide

Business Summary [2021/12/03]

석유화학의 실적 상승 과 분야별 성장

- 동사는 석유화학 사업부문, 전지 사업부문, 첨단소재 사업부문, 생명과학 사업부문, 공통 및 기타부문의 사업을 영위하고 있음. 연결회사는 2020년 12월 1일 전지 사업부문을 단순·물적분할하여 (주)LG에너지솔루션 및 그 종속기업을 설립함. 동사는 양극재, 엔지니어링 소재, IT소재의 경쟁력을 바탕으로 고부가 제품을 중심으로 한 포트폴리오 전환을 추진 중에 있음.
- 2021년 9월 전년동기 대비 연결기준 매출액은 49.8% 증가, 영업이익은 153.8% 증가, 당기순이익은 272.1% 증가. 20년 전기에 유리기판 사업 중단 및 LCD 편광판 사업 매각을 결정하였으며, 첨단소재 사업부문의 일부 사업을 공통 및 기타부문으로 재분류. 고부가 제품 비중 확대, 원가 경쟁력 강화 등을 통해 경기 변동에 따른 사업 Risk를 최소화하고 사업의 Fundamental을 강화.

이번에는 'Business Summary'입니다. 이 항목에서는 기업의 초기부터 성장 과정, 주력사업과 비즈니스 모델, 그리고 주 거래 기업까지 요약되어 있습니다. 이것만 읽어도 이 기업의 기본적인 비즈니스 모델에 대해 이해할 수 있습니다. 예상외로 많은 개인 투자자들이 투자를 결정할 때 해당 기업의 주 사업이 무엇인지 자세히 모르고 투자하는 분들이 많이 있습니다. Business Summary에 따르면 LG화학은 석유화학 부문, 첨단소재 부문, 생명과학 부문 등의 사업을 영위하고 있습니다. 2020년 12월 1일 전지 부문 사업을 단순히 물적 분할해 LG에너지솔루션 및 그 종속기업을 설립해 상장했습니다. 동사는 2차 전지 양극재, 엔지니어링 소재, IT 소재의 경쟁력을 바탕으로 고부가 가치 제품을 중심으로 한 포트폴리오 전환을 추진하고 있습니다.

자료 3-4. LG화학 Financial Highlight - FnGuide

Financial Highlight [연결|전체] 단위 : 억원, %, 배, 천주 연결 별도 전체 연간 분기

IFRS(연결)	Annual				Net Quarter			
	2018/12	2019/12	2020/12	2021/12(E)	2021/03	2021/06	2021/09	2021/12(E)
매출액	281,830	273,531	300,765	423,840	96,500	114,561	106,102	112,016
영업이익	22,461	8,254	17,982	53,610	14,081	21,398	7,266	10,625
영업이익(발표기준)	22,461	8,254	17,982		14,081	21,398	7,266	
당기순이익	15,193	3,761	6,824	42,508	13,710	15,663	6,799	7,703

다음은 'Financial Highlight'입니다. 이곳에서는 매출액, 영업이익, 당기순이익 추이를 해당 연도 말 추정치까지 확인할 수 있습니다. 여기서 2년 연속 적자기업이거나, 3년 연속 적자기업일 경우 투자를 결정하는 데 주의가 필요합니다. 특히 매년 3월에는 감사보고서가 나오는 시즌이니 2~3년 적자기업일 경우 자본잠식 등으로 인해 '관리종목지정'이나 '상장폐지' 가능성이 있으니 투자를 피하는 것이 좋습니다. 물론 시가총액 규모가 큰 기업이나 자산운용사가 여럿 들어와 있는 기업은 당기순이익 적자 여부에 대한 중요도는 낮아집니다. 그리고 제약바이오주나 스타트업의 경우 적자기업인데도 자산운용사가 여럿 들어와 있는 경우가 간혹 있습니다. 이런 경우는 임상시험 중이거나 특별한 특허 기술을 보유해 현재 매출은 없거나 부진해도 향후 큰 규모의 기술수출을 앞두고 있을 가능성이 있습니다. 매출이 매우 작거나 거의 없어도, 또는 3년 연속 적자인 기업이어도 미래 성장 가능성을 보고 투자하는 이런 예외적인 경우도 있습니다. 만약 이 부분에 관해 판단할 수 없다면 투자를 하지 않는 것이 좋습니다. 물론 LG화학은 초대형 우량주이니 이 항목은 가볍게 보고 넘어가셔도 됩니다. 이 표에서 LG화학 당기순이익은 매년 많이 증가하고 있습니다.

자료 3-5. LG화학 유동비율 - FnGuide

재무비율 [누적]　　단위 : %, 억원

IFRS(연결)	2017/12	2018/12	2019/12	2020/12	2021/09
안정성비율					
유동비율	168.6	166.2	132.8	129.3	138.2
당좌비율	118.2	107.2	76.5	86.9	84.4

초간단 기본적 분석에서 가장 중요한 유동비율입니다. 만약 단 1초 만에 기본적 분석을 끝내려면 유동비율을 가장 먼저 보면 됩니다. 그 전에 유동비율의 개념에 대한 이해가 필요합니다. 1년 안에 현금화할 수 있는 자산인 유동자산을 1년 안에 갚아야 할 유동부채로 나눈 값이 유동비율입니다. 유동비율이 100%가 넘는다는 것은 1년 안에 갚아야 할 부채보다 1년 안에 현금화할 수 있는 현금이 많다는 의미로서 현금 흐름에 문제가 없다는 의미입니다. 여기서 주의할 것은 판매나 제조업의 경우 재고자산이 유동자산에 포함되는데, 재고자산이 증가한다는 것은 매출이 감소하는 것으로서 좋지 않은데도 불구하고, 유동자산은 증가해 유동비율이 양호하게 보이게 만들 수 있습니다. 이때 함께 봐야 할 것은 재고자산을 뺀 현금성 자산의 유동비율인 당좌비율입니다. 당좌비율이 80% 이하인 경우 현금흐름이 부진해 유상증자 등의 우려도 있을 수 있습니다. 따라서 유동비율과 당좌비율 모두 100%가 넘는다면, 해당 기업의 현금흐름이 매우 양호하다고 할 수 있습니다. LG화학의 유동비율은 138%로 양호한데, 당좌비율은 84.4%로서 현금성 자산의 유동비율은 다소 부진한 것으로 보입니다. 하지만 중소형 기업이 아닌 초대형 기업의 경우, 이 정도면 매우 양호하다고 판단할 수 있습니다.

자료 3-6. LG화학 컨센서스 - FnGuide

IFRS (연결) | 연간	2018/12	2019/12	2020/12	2021/12(E)	2022/12(E)	2023/12(E)
매출액	281,830	273,531	300,765	423,840	492,291	555,007
영업이익	22,461	8,254	17,982	53,610	48,057	54,460
당기순이익	15,193	3,761	6,824	42,508	34,261	39,262

기업의 성장성을 평가하는 주요항목으로 컨센서스가 있습니다. 각 증권사 애널리스트들이 해당 기업을 분석해 향후 몇 년 후 매출액이나 영업이익을 예측해 발표한 것으로 해당 기업에 대한 모든 증권사의 보고서를 평균한 값을 제시한 것이 컨센서스입니다. 여기서 중요한 것은 현재의 실적이 아니라 향후 매출액이나 영업이익의 증가 추이입니다. 매출액이나 영업이익이 향후 꾸준히 증가하는 기업은 각 증권사나 기금운영자, 그리고 자산운용사들의 펀드 매니저들이 꾸준히 편입해 비중을 늘릴 가능성이 큽니다. 이런 종목에 투자하면 안정적으로 수익을 낼 수 있습니다. LG화학의 컨센서스는 매출액이 향후 꾸준히 증가할 것이나, 영업이익이 2022년에 감소했다가 2023년에 다시 증가하는 추세로서 컨센서스상으로는 투자하기가 적절치 않은 종목으로 판단됩니다.

LG화학 글로벌 시황 및 업황 그리고 경쟁력 분석

지금까지 LG화학에 대해 '초간단 재무제표 체크포인트'를 통한 기본적 분석으로 안정성, 성장성 등에 대해 계량적으로 분석했습니다. 지금부터는 이 종목에 대한 성장성을 글로벌 시황과 주 사업 업황, 그리고 이 기업의 경쟁력을 깊이 있게 분석해 자신 있게 추천한 사유에 대해 자세히 설명하겠습니다.

전기차 관련 테마가 2008년경부터 시작해 10년 이상 지속하면서 지금은 시장 주도주로 자리 잡았습니다. 그 기간에 걸쳐 전기차의 핵심인 배터리의 성능은 눈부시게 발전했습니다. 충전 시간과 1회 충전 시 주행거리 등이 획기적으로 늘어나면서 거리에는 전기차가 하나둘씩 늘어나고 있었습니다. 그 와중에 당시 세계 자동차 배터리 생산 1위 업체인 LG화학에 대해 집중적으로 분석했습니다.

10년 후에는 자동차 시장에 대변혁이 일어날 것이 확실합니다. 10년 후에는 거리에 전기차가 절반 이상을 차지할 정도로 전기차는 폭발적으로 증가할 것입니다. 미국 유럽 등 선진국들은 2030~2040년 이후에 내연기관 차량 생산을 금지한다고 앞다투어 발표하고 있습니다. EU 집행위원회는 2050년까지 탄소 중립을 달성하기 위한 Fit For 55를 발표했는데, 유럽의 27개 회원국은 1990년 온실가스 배출량 대비 55%를 감축해야 하는 것을 의미합니다. 특히 EU에서는 향후 14년간에 걸쳐 차량에서 발생하는 탄소 배출량을 올해 대비 100% 줄일 것을 요구했으며, 나아가 2035년부터 화석연료 사용 내연기관 자동차의 판매를 금지했습니다.

또한, 2020년 서울시는 2035년부터 기존의 내연기관 자동차를 제외한 전기차나 수소전기차만 등록을 허용하고, 4대문 안의 녹색교통지역에서는 친환경 자동차만 운행 가능하게 하는 장기 계획을 발표했습니다.

전기차는 부품이 2만여 개 넘는 내연기관 차량보다 유지비가 1/10 이하로 아주 저렴하며, 기후 온난화의 주범인 이산화탄소를 배출하지 않는 친환경 차량으로 우리나라를 포함한 여러 선진국에서 구매 보조금을 전폭적으로 지급하고 있습니다.

전기차의 가격과 성능은 배터리가 절대적으로 좌우합니다. 차량 가격의 40~60% 이상 배터리 가격이 차지하며, 충전 시간과 1회 충전으로 가능한 주행거리 등이 매우 중요한데, 당시 LG화학이 만드는 리튬이온 방식의 배터리가 산화철 방식의 중국 CATL이나 BYD에서 생산하는 배터리에 비해 성능이 월등히 우수했습니다. 그에 비해 성능과 판매량에서 세계 1위 업체인 LG화학의 주가는 매우 낮았습니다.

자료 3-7. LG화학 차트(2020년 5월 15일 기준)

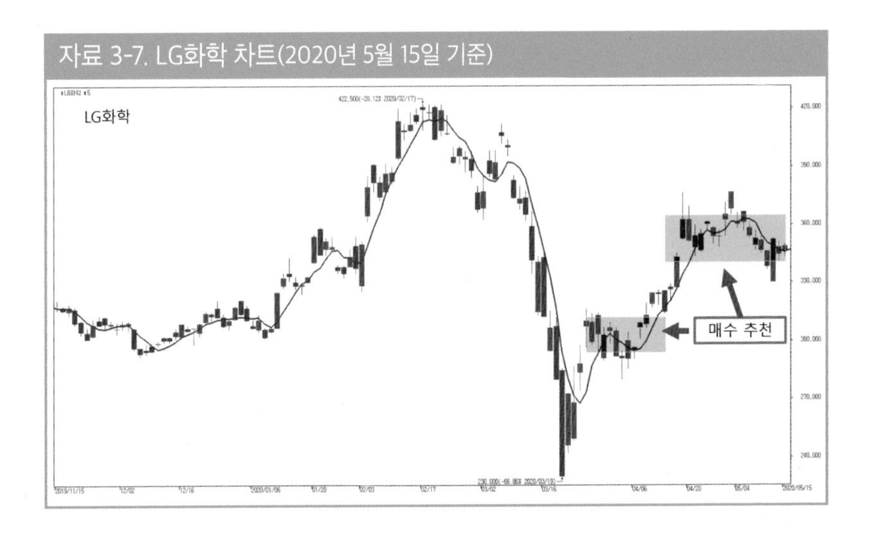

저는 당시 전기차 판매량이 급격히 증가하고 있는 가운데 배터리 성능과 판매량에서 세계 1위 업체인 LG화학을 집중 분석해 현재 주가는 매우 싼 가격으로 향후 주가가 크게 상승할 것이란 확신이 들어 2020년 초부터 LG화학을 자신 있게 추천했습니다.

당시는 우리나라에서 LG화학이 증시에서 주목받기 시작한 2020년 10월경보다 무려 6~10개월 이전으로, 시장에서는 LG화학에 관심이 없을 때였습니다. 하지만 저는 학원에서 만나는 사람마다 LG화학의 기술력과 성능, 그리고 향후 성장성에 대해 열변을 토했습니다. 2020년

3월, 코로나19 확산으로 인한 팬데믹으로 인해 글로벌 증시가 역사적으로 대폭락하면서 LG화학 역시 급락했습니다. 연일 폭락하던 주가는 2020년 3월 20일을 기점으로 글로벌 증시가 폭락을 멈추고 서서히 반등을 시작할 때 LG화학 역시 하락을 멈추고 조금씩 반등하기 시작했습니다.

2020년 4월 초부터는 학원 수업에서 본격적으로 LG화학을 집중적으로 분석하며 향후 성장 가능성에 대해 수업시간마다 열심히 설명했습니다. 그때부터는 아예 LG화학 전도사라고 불릴 정도로 강조했습니다. 주식 투자에 대한 저의 오랜 경험과 전기차 업황의 성장 가능성, 그리고 LG화학에 대한 집중 분석을 통한 결론이었습니다.

당시 얼마나 열심히 분석하고 설명했는지에 대한 일례로 수강생들이 어려운 배터리 구조를 가장 쉽게 이해할 수 있도록 2차 전지 구조와 작용 그리고 원리에 대해 직접 자료를 만들어 설명했습니다.

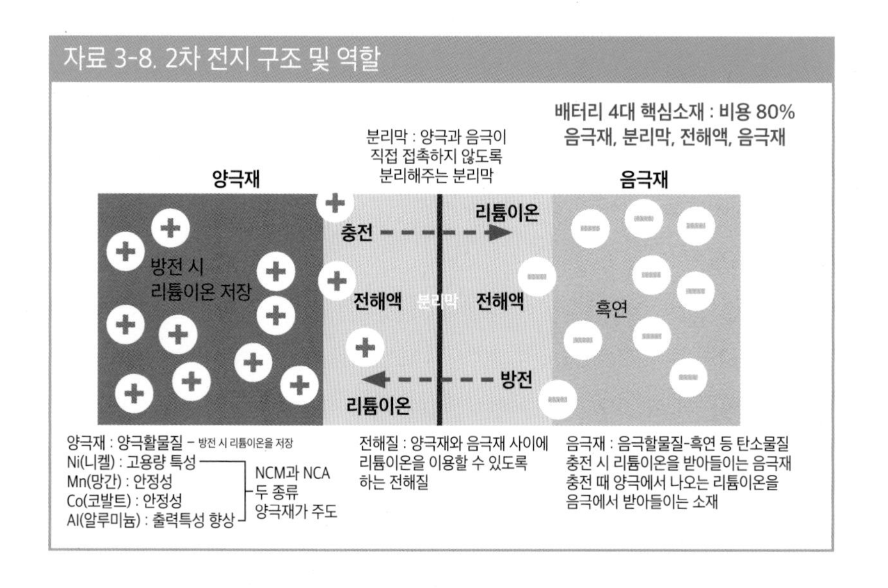

자료 3-8. 2차 전지 구조 및 역할

앞의 자료 3-8은 2차 전지에 대한 원리와 각 부문의 역할 그리고 관련 소재까지 한눈에 알 수 있게 그린 것입니다. 양극재, 음극재, 분리막, 전해질, 양극활물질, 음극활물질 등 각 부문의 역할을 설명했습니다.

자료 3-9. 2차 전지 FLOW

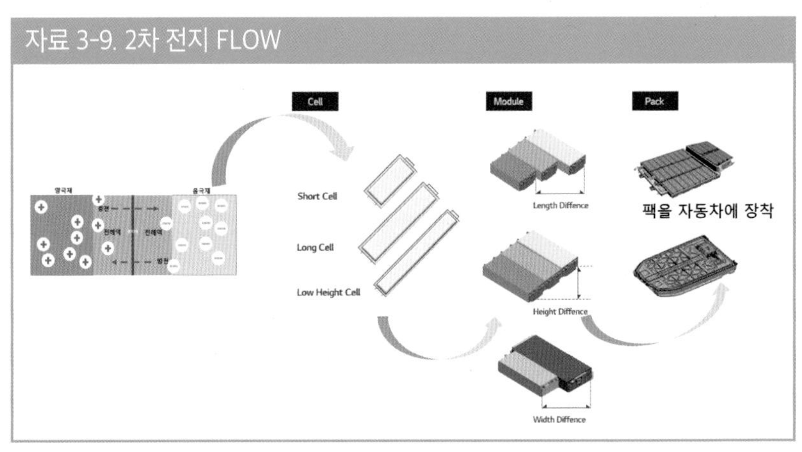

출처 : LG화학 홈페이지 참조

자료 3-9는 2차 전지 배터리가 어떤 Flow에 따라 자동차에 장착되는지 알기 쉽게 설명한 그림입니다. 다음 내용은 LG화학에 대한 저의 강의 내용 중 일부를 발췌한 것입니다.

"여러 번 말씀드린 것 중 하나가 LG화학이죠. LG화학은 매월 (일정한 금액씩) 사세요. LG화학은 제가 다시 한번 말씀드리면 세상은 짧은 시일 내에 전기차로 싹 바뀔 것입니다. 오래 걸리지 않아요. 일단 전 세계적으로 2030년부터 더는 내연기관 차량을 안 만든다고 합니다. 그렇게 되면 세상은 전기차로 싹 바뀝니다. 전기차로 바뀌면 무조건 전기차의 가장 큰 중요한 부품은 배터리입니다. LG화학은 배터리 세계 1위입니다. 중국에서 중국산 배터리만 보조금을 줘서 그렇지, 그것을 빼면 세계 1위는 LG화학입니다."

- 2020년 4월 25일 수업 내용(유튜브 '워렌TV' 2020년 8월 17일자 영상 참조) -

이후 LG화학은 배터리 사업 부문을 분사해 LG에너지 솔루션으로 상장해 현재 LG화학의 상황은 변했습니다. 당시 LG화학 주가는 353,500원이었습니다. 그 후 2020년 8월 초까지 배터리 구조, 방전과 충전 원리, 그리고 배터리 부분별 역할과 향후 전망까지 아주 상세히 설명해드렸습니다.

자료 3-10. LG화학 2020년 4월 20일 추천 후 차트 흐름

그 후로 주가는 연일 상승에 상승을 거듭하기 시작했습니다. 주가가 60만 원을 넘어가기 시작하면서 LG화학에 대해 하나둘씩 뉴스가 나오기 시작했습니다.

자료 3-11. LG화학 차 배터리 관련 기사

한국경제TV 뉴스

최신뉴스 증권 경제 가상화폐 산업·IT 국제 취업 오피니언 많이 본 뉴스 회원가입 한경구독 지역별채널

LG화학, 車배터리 점유율 1위...3사 점유율 35.3%

입력 2020-06-17 09:47

언어 선택 구독하기 목록으로

10대 중 3대 이상에 韓 배터리 탑재, 삼성 5위 SK 7위

많이 본 뉴스

관련정보

ㄴ 한국복권 비밀 풀렸다..."종이뒷면"에서 전 당첨자들만 아...
ㄴ 로또1등, 1006회 당첨번호 6자리 "오늘만" 무료공개합니...
ㄴ 로또 1006회 번호 6자리 "오늘만" 무료공개합니다. 지금 ...
ㄴ 체지방 "비만호르몬" 녹여내 2주만에 뱃살 -17kg 쫙 빠져!

올해 세계 전기자동차 배터리 시장에서 LG화학이 점유율 1위를 차지한 것으로 나타났다. 삼성SDI와 SK이노베이션도 각각 5위, 7위를 기록하는 등 코로나19 확산 상황에서도 국내 배터리 3사가 선방했다는 평가다.

16일 시장조사업체 SNE리서치에 따르면 LG화학은 1~4월 전기차(EV·PHEV·HEV) 배터리 사용량 통계에서 전년 대비 91% 증가한 6.6GWh(기가와트시)를 기록했다. 같은 기간 삼성SDI는 배터리 사용량 1.5GWh, 전년대비 18.9% 증가해 5위를 기록했다. SK이노베이션은 사용량이 74.3% 증가한 1.1GWh를 찍으며 7위에 올라섰다.

출처 : 배성재 기자, LG화학, 車 배터리 점유율 1위 … 3사 점유율 35.3%, <한국경제TV>, 2020년 6월 17일자 기사

계속 상승하던 LG화학의 주가가 2021년 1월, 한 주 가격이 100만 원을 돌파했습니다. 그 후에도 LG화학에 대한 온갖 장밋빛 뉴스가 엄청나게 쏟아지기 시작했습니다. 주식 투자는 '소문에 사서 뉴스에 팔아라'라는 주식 격언처럼 관련 뉴스가 없이 주가가 상승하기 시작할 때 낮은 가격에 사서 주가가 서서히 상승하면서 시장에서 관심 대상이 되고, 각종 호재 뉴스가 쏟아질 때 팔아야 합니다. 그런데 주가가 바닥일 때는 관련 뉴스가 없으니 대부분 개인 투자자들은 이 종목에 관심이 없다가 어느 정도 상승하기 시작하고, 시장에서 관심을 가지기 시작

할 때 개인 투자자 역시 하나둘씩 관심을 가지기 시작합니다. 그 후 주가가 점점 더 많이 오르기 시작하면 점점 더 많은 뉴스가 쏟아지고, 이때부터 수많은 개인 투자자들은 이 종목이 영원히 상승할 것이란 확신을 하고 벌떼처럼 달려들어 매수하기 시작합니다. 그렇게 되면 그동안 저점에서부터 오랫동안 매수해 물량을 매집한 외국인과 기관 투자가들과 몇몇 발 빠른 투자자들은 뉴스에 달려드는 개인 투자자들에게 물량을 서서히 넘기면서 차익 실현을 하기 시작합니다. 그 후 주가는 서서히 하락하면서 고점에서 물린 개인 투자자들의 손실이 점점 커지면서 망연자실하게 됩니다.

저는 LG화학이 30만 원 초반 장기간 횡보할 때 향후 증시의 흐름, LG화학의 경쟁력, 전기차 업황의 성장 가능성, 그리고 외국인·기관의 LG화학에 대한 수급을 사전에 예측해 추천했습니다. LG화학에 대해 아무도 관심을 가지지 않을 때 앞으로 크게 상승할 것으로 예측하는 일은 매우 많은 다양한 여러 요소의 복합 작용인데, 이것을 최대한 단순화시키는 것이 투자자의 실력입니다.

대부분 개인 투자자들이 어떤 기업에 대해 긍정적인 뉴스가 쏟아질 때 뉴스를 보면서 매수하는데, 이때는 이 종목의 주가가 저점일 때부터 끌어올린 세력들이 이 뉴스에 열광하는 개인 투자자들에게 차익 실현을 하고 있을 때인 경우가 많습니다. 이때 개인들이 그 차익 실현 물량을 받아 결과적으로 큰 손실을 보는 것이 반복되는데, 그 이유는 개인 투자자들이 연구하지 않고 뉴스만 보고 따라 매수하기 때문입니다. 무엇보다 공부를 통해 시장을 예측하는 연습을 꾸준히 해서 궁극적으로 외국인과 기관 펀드 매니저들, 그리고 세력들의 판단과 한발 앞서거나 동일하게 움직이는 것이 주식 투자에서 성공하는 길입니다.

2

한화솔루션, 250% 이상 수익 낸 사례

한화솔루션은 예전 한화케미칼과 한화큐셀이 합병해 새롭게 만들어진 기업입니다. 2020년 하반기 글로벌 시장 상황 및 국내 시황과 한화그룹 내 상황, 그리고 미국 대선에서 민주당 후보인 조 바이든(Joe Biden) 대통령 우세 등을 상세히 분석한 후 상관관계를 분석해 향후 강하게 상승할 가능성이 매우 커서 급등 직전에 추천해 크게 수익을 낸 종목입니다.

그 사례를 알아보기에 앞서 자세히 분석해드린 LG화학처럼 '초간단 재무제표 체크포인트'를 이용해 기본적 분석을 하는 방법을 상세히 설명하겠습니다. 먼저 기본적 분석 후 2020년 하반기 추천 사유와 그 후 얼마나 수익을 냈는지 구체적으로 사례를 들어보겠습니다.

한화솔루션 초간단 기본적 분석 - FnGuide 기준

초간단 재무제표 체크포인트에 대한 반복 설명은 서체를 보라색으로 표기했습니다. 그 이유는 이 표를 보는 방법을 숙지해 활용하길 바라기 때문입니다. 한 번 본 것을 다 기억하기 어렵고, 또한 읽으면서 궁금한 것을 매번 앞으로 되돌아가 찾아보는 수고를 덜어 편하게 읽을 수 있도록 했습니다.

자료 3-12. 한화솔루션 시세 현황 - FnGuide

시세현황 [2022/01/28]					단위 : 원, 주,%
종가/ 전일대비		32,250/ +700	거래량		925,855
52주.최고가/ 최저가		54,200/ 31,550	거래대금	(억원)	296
수익률	(1M/ 3M/ 6M/ 1Y)	-10.42/ -22.29/ -22.75/ -37.38	외국인 보유비중		18.43
시가총액	(상장예정포함,억원)	62,051	베타	(1년)	1.15408
시가총액	(보통주,억원)	61,687	액면가		5,000
발행주식수	(보통주/ 우선주)	191,278,497/ 1,123,737	유동주식수/비율	(보통주)	120,816,901 / 63.16

자료 3-12를 보면 한화솔루션은 시가총액 6조 2,000억 원 규모의 대형주입니다. 총발행 주식수는 보통주 약 1억 9,100만 주이고, 우선주는 112만 주입니다. 우선주는 보통주의 특징인 의결권이 없는 대신 배당금을 더 많이 주는 주식입니다. 의결권이 없다는 것은 주주의 당연한 권리인 회사 경영에 참여할 수 없다는 것을 의미합니다. 회사 입장에서는 경영권 위협 없이 자금을 조달할 수 있어 유리합니다, 개인 투자자의 경우 주주총회에서 투자하지 않고 위임하는 경우가 많으니 이를 포기하고 배당금을 더 받을 수 있어 유리하다고 할 수 있습니다. 하지만 우선주는 상장 주식수가 적어 보통주보다 급등락이 심할 수 있습니다. 이 기업은 발행 주식 중 시중에 유통되는 유동 주식 비율은 63.16%로서 적당합니다. 유동 주식 비율이 30% 이하면 대주주 물량이 너무 많고, 유동 주식수가 적어 평소 거래량이 적으므로 작은 변동성에도 급등

락이 심할 수 있습니다. 또한, 매도하고 싶을 때 거래량이 적어 제때 적당한 가격에 못 팔 수 있습니다. 또한, 반대로 유동 주식 비율이 80% 이상일 경우 대주주 지분이 적어 경영권을 위협하는 M&A 사냥꾼의 표적이 될 수 있습니다. 따라서 한화솔루션의 유동 주식 비율 63.16%는 적당합니다.

자료 3-13. 한화솔루션 운용사별 보유 현황 - FnGuide

운용사별 보유 현황 [2021/09]

단위 : 천주, 억원, %

운용사명	보유수량	시가평가액	상장주식수내비중	운용사내비중
케이비자산운용	1,432.36	641.70	0.75	0.28
삼성자산운용	1,165.52	522.15	0.61	0.11
미래에셋자산운용	836.34	374.68	0.44	0.08
한국투자신탁운용	254.77	114.14	0.13	0.06
엔에이치아문디자산운용	229.09	102.63	0.12	0.08
신한자산운용	207.75	93.07	0.11	0.05
교보악사자산운용	163.59	73.29	0.09	0.07
마이다스에셋자산운용	161.29	72.26	0.08	0.28
한국투자밸류자산운용	160.30	71.82	0.08	0.29
한화자산운용	136.06	60.96	0.07	0.06

'초간단 기본적 분석' 두 번째는 운용사별 보유 현황입니다. 기본적 분석을 하는 이유는 첫째, 단기간에 망하지 않을 기업인가, 둘째, 저평가로 주가가 상승 가능성이 큰 기업인가, 셋째, 성장성 산업군에 속하는 기업인가 등이 있는데, 이 중에 가장 중요한 것은 첫 번째인 '단기간에 망하지 않을 기업인가'라고 했습니다. 이것을 판단하는 방법 중 가장 쉬운 방법은 자료 3-13처럼 여러 자산운용사가 이 종목을 보유하고 있다면, 이 기업은 최소한 망하지 않을 기업이라고 판단해도 무방합니다. 자산운용사는 펀드를 만들고, 투자자의 이익을 위해 유가증권과 자산을 투자 목적에 맞게 전문적으로 운용해, 펀드의 운용상태를 정기적으로 투자자에게 공개합니다. 펀드의 투자 수익률은 자산운용사에 매우 중요합니다. 타인의 자본을 운용하는 자산운용사는 성장 가능성

이 큰 기업에 투자해 수익을 내며, 그 성과 수수료가 주 수입원입니다. 따라서 해당 기업에 투자를 결정하기 전에 전문가들이 충분히 검토해 투자를 결정하기 때문에 자산운용사가 투자하는 기업은 안전한 기업이라고 말할 수 있습니다. 그런데 하나가 아니라 자산운용사 여러 곳이 투자한 기업이라면 매우 안전한 기업이라고 간주해도 무방합니다. 이런 기업에 대해서는 개인 투자자가 어려운 재무제표를 직접 공부해가며 분석할 필요가 없습니다. 이 종목을 보유한 자산운용사들이 이미 충분히 분석을 끝낸 후에 투자한 것입니다.

따라서 한화솔루션은 이름만 대면 알 수 있는 자산운용사로 케이비자산운용, 삼성자산운용, 미래에셋자산운용 등 10여 개사가 보유하고 있으니 믿을 수 있는 기업입니다.

자료 3-14. 한화솔루션 Business Summary - FnGuide

Business Summary [2022/01/27]

매출 확대에 따른 수익성 개선

- 동사는 1965년 8월 설립된 한국화성공업을 전신으로 하고 있으며, 2020년 1월 한화케미칼, 한화큐셀앤드첨단소재를 통합하며 사명을 변경함. 케미칼 부문(석유화학산업 기반 제품 생산), 큐셀 부문(글로벌 그린에너지 토털 솔루션), 첨단소재 부문(경량복합소재, 태양광소재, 전자소재 생산)으로 구성됨. 2021년 4월 경영효율 제고 및 사업경쟁력 강화를 위해 한화갤러리아(유통 서비스)와 한화도시개발(부동산 개발 사업)을 흡수합병함.
- 2021년 9월 전년동기 대비 연결기준 매출액은 17% 증가, 영업이익은 23.7% 증가, 당기순이익은 99.1% 증가. 원가율 상승과 판관비 증가에도 불구하고 매출 확대에 힘입어 영업이익이 증가함. 태양광 부문이 전년동기 대비 적자전환하였으나 원료 부문의 영업이익이 크게 증가하여 수익성이 개선됨. 태양광 부문은 신재생에너지로 급성장하고 있어 태양광 소재 /신기술 연구개발과 외형 성장이 기대됨.

이번에는 'Business Summary'입니다. 이 항목은 앞에서 설명한 것과 같이 기업의 설립 초기부터 시작해 성장 과정, 주력사업과 비즈니스 모델, 그리고 주 거래 기업까지 요약되어 있습니다. 이것만 읽어도 이 기업의 기초적인 비즈니스 모델에 대해 이해할 수 있습니다. 그러나 예상외로 많은 개인 투자자들이 투자를 결정할 때 무엇이 주 사업 모델인지 자세히 모르고 투자하는 분들이 많습니다. 다시 강조하지만, 투자에 앞서 FnGuide의 'Business Summary'는 반드시 숙지해야 합니다.

한화솔루션은 1965년 8월에 설립된 한국화성공업이 전신이며, 2020년 1월에 한화케미칼, 한화큐셀앤드첨단소재(주)를 통합하며 사명을 변경했습니다. 케미칼(석유화학산업 기반 제품 생산), 큐셀 부문(글로벌 그린 에너지 토털 솔루션), 첨단소재 부문(경량복합소재, 태양광소재, 전자소재 생산)으로 구성됐으며, 2021년 4월 경영효율 제고 및 사업경쟁력 강화를 위해 한화갤러리아(유통서비스)와 한화도시개발(부동산 개발사업)을 흡수 합병했습니다.

한화갤러리아 사업 중 첨단소재 부문의 경량복합소재, 태양광소재, 그리고 전자소재 생산 부문은 향후 차세대 먹거리로서 기업을 성장시키는 원동력이 될 것입니다. 특히 태양광소재 부문은 세계 1위의 글로벌 태양광업체로서 기후 온난화 방지를 위한 세계 기후협약 등의 영향으로 향후 크게 성장할 것으로 예상합니다.

자료 3-15. 한화솔루션 Financial Highlight - FnGuide

Financial Highlight [연결|전체]　　단위 : 억원, %, 배, 천주　연결 별도　전체 연간 분기

IFRS(연결)	Annual				Net Quarter			
	2018/12	2019/12	2020/12	2021/12(E)	2021/03	2021/06	2021/09	2021/12(E)
매출액	90,460	94,574	91,950	106,647	24,043	27,775	25,803	28,863
영업이익	3,543	4,592	5,942	8,486	2,546	2,211	1,784	1,964
영업이익(발표기준)	3,543	4,592	5,942		2,546	2,211	1,784	
당기순이익	1,604	-2,489	3,017	9,004	3,852	2,228	1,934	1,389

다음은 'Financial Highlight'입니다. 이것은 앞서 설명한 것과 같이 매출액, 영업이익, 당기순이익 추이를 해당 연도 말 추정치까지 확인할 수 있습니다. 만약 해당 기업이 2년이나 3년 연속 적자기업일 경우 투자를 결정하는 데 주의가 필요합니다. 특히 매년 3월에 회계감사보고서를 의무적으로 제출해야 하므로 3년 적자기업이나 2년 연속 적자기업일 경우에 적자 폭이 커서 자본 잠식이 50% 이상일 경우 관리종목 지정이나 상장폐지 가능성이 있으니 투자를 피해야 합니다. 물론 시가

총액 규모가 큰 기업이나 자산운용사가 여러 개사가 들어와 있는 기업은 당기순이익 적자 여부에 대한 중요성은 상대적으로 크지 않을 수 있습니다. 한화솔루션은 2019년 적자 이후 2020년 3,000억 원의 순이익을 냈고, 2021년에는 9,000억 원의 순이익이 예상되어 당기순이익은 크게 성장할 것으로 예상합니다.

자료 3-16. 한화솔루션 유동비율 - FnGuide

IFRS(연결)	2017/12	2018/12	2019/12	2020/12	2021/09
안정성비율					
유동비율	86.3	97.7	91.3	94.4	124.5
당좌비율	62.9	69.1	65.9	67.2	84.4

초간단 기본적 분석에서 가장 중요한 유동비율입니다. 이것 역시 앞서 설명한 것과 같이 만약 단 1초 만에 기본적 분석을 끝내려면 유동비율을 가장 먼저 보면 됩니다. 먼저 유동비율은 1년 안에 현금화할 수 있은 유동자산을 1년 안에 갚아야 할 유동부채로 나눈 값이 유동비율입니다. 유동비율이 100%가 넘는다는 것은 1년 안에 갚아야 할 부채보다 1년 안에 현금화할 수 있는 현금이 많다는 의미로, 현금흐름에 문제가 없다는 의미입니다. 여기서 주의할 것은 판매나 제조업의 경우 재고자산이 유동자산에 포함되는데, 재고자산이 증가한다는 것은 매출이 감소하는 것으로서 부정적인데, 유동자산은 오히려 증가해 유동비율이 양호하게 보이게 영향을 미칠 수 있습니다. 재고자산을 뺀 현금성 자산의 유동비율은 당좌비율입니다. 당좌비율이 낮을 경우 현금흐름이 부진해 유상증자 등의 우려도 있을 수 있습니다. 따라서 유동비율과 당좌비율 모두 100%가 넘는다면, 해당 기업의 현금흐름이 매우 양호하다고 할 수 있습니다. 한화솔루션의 유동비율은 124.5%로 양호한데, 당좌비율은 84.4%로서 현금성 자산의 유동비율은 다소 부진한 것으로

보입니다. 하지만 중소형 기업이 아닌 중대형 기업의 경우 이 정도면 매우 양호하다고 판단할 수 있습니다.

자료 3-17. 한화솔루션 컨센서스 - FnGuide

IFRS (연결) | 연간	2018/12	2019/12	2020/12	2021/12(E)	2022/12(E)	2023/12(E)
매출액	90,460	94,574	91,950	106,647	120,709	123,648
영업이익	3,543	4,592	5,942	8,486	9,857	10,980
당기순이익	1,604	-2,489	3,017	9,004	8,485	9,369

다음은 기업의 성장성을 평가하는 주요항목으로 컨센서스가 있습니다. 각 증권사 애널리스트들이 해당 기업을 분석해 향후 매출액이나 영업이익을 추정해 발표한 것으로, 모든 증권사의 기업 보고서를 평균한 값을 제시한 것이 컨센서스입니다. 여기서 중요한 것은 향후 추이입니다. 미래 매출액이나 영업이익이 향후 꾸준히 증가할 것으로 예상하는 기업은 각 증권사나 기금 운영자, 그리고 자산운용사들의 펀드 매니저들이 비중을 늘려 편입할 가능성이 큽니다. 이런 종목에 투자하면 안정적으로 수익을 낼 수 있습니다. 한화솔루션의 컨센서스는 매출액이 향후 꾸준히 증가할 것으로 예상하고, 영업이익 역시 2018년 이후부터 현재까지 꾸준히 증가하고 있습니다. 이 기업은 2023년까지 계속 상승할 것으로 증권사들이 예상합니다. 매출액은 올해 12조 원에서 내년 12.3조 원이고, 영업이익은 올해 9,800억 원에서 내년 1조 원을 돌파해 계속 상승할 것입니다. 따라서 한화솔루션의 주가는 계속 상승할 것으로 예상하므로 투자하면 향후 좋은 수익을 기대할 수 있습니다.

지금까지 한화솔루션에 대해 '초간단 재무제표 체크포인트'를 통한 기본적 분석을 통해 안정성, 성장성 등을 분석했습니다.

한화솔루션 글로벌 시황 및 업황 그리고 경쟁력 분석

한화솔루션은 한화케미칼이 한화큐셀앤드첨단소재㈜를 2020년 1월 1일에 합병을 완료해 회사명을 한화솔루션으로 변경했습니다. 한화그룹 김승연 회장의 장남 김동관이 한화솔루션 대표이사로 취임했습니다. 저는 태양광 관련 주 한화케미칼에 대해 수차례 매매한 경험을 바탕으로, 2020년 5월부터 한화솔루션을 집중 분석해봤습니다. 과거 한화생명에 근무하면서 같은 그룹 계열사인 한화큐셀의 주요 사업과 이를 통한 성장성 등 기업의 내용을 어느 정도 알고 있던 터라 분석하기 다소 수월했습니다.

자료 3-18. 한화솔루션 차트(2020년 7월 10일 기준)

한화솔루션 주가 역시 코로나19로 인한 급락 후 서서히 반등해 급락 전까지 거의 다 회복했습니다. 하지만 당시 코로나19로 인한 주도주였

던 제약바이오주처럼 크게 상승하지 못하고 급락 직전까지 겨우 만회한 수준이었습니다.

당시 한화솔루션에 대해 집중적으로 분석한 결과, 향후 주가 상승 가능성이 큰 것으로 판단됐습니다. 왜 상승할 수밖에 없다고 판단했는지 그 이유를 몇 가지 설명하겠습니다.

첫째, 2017년 9월 주가 최고점인 37,400원을 찍은 이후 2020년 6월까지 2년 9개월 동안 장기간 하락하다가 최근 거래량이 급증하면서 상승 시도 중이었습니다.

둘째, 3세 경영권 세습을 어느 정도 마무리한 삼성그룹의 이재용 부회장이나 현대그룹의 정의선 부회장처럼 한화도 3세에게 경영권을 세습하기 위해 오랫동안 작업 중이었으며, 이를 위해 장남인 김동관에게 힘을 실어주고자 일찌감치 2010년부터 한화큐셀을 맡겼습니다. 그 후 한화큐셀과 한화케미칼을 합병해 한화솔루션을 설립해 경영권을 맡긴 초기 단계였지만, 시너지 효과가 긍정적으로 전망됐습니다.

셋째, 미국 대선에서 민주당의 조 바이든 후보 당선 가능성이 점점 더 유력해지고 있어 추후 신재생 에너지 관련 주들의 강세가 예상되는데, 한화솔루션의 주력은 태양광으로 세계적 경쟁력을 갖춘 기업으로 거듭나고 있었습니다.

이러한 이유로 인해 한화솔루션의 상승 가능성은 매우 커 보였는데, 상대적으로 주가는 매우 싼 가격이었습니다. 당시 저는 수업 시간에 수강생들에게 다음과 같이 열변을 토했습니다.

> "한화솔루션 어때요? 많이 오른 것 같지만 이렇게 보면 하나도 안 올랐어요. 주가는 직전 고점인 37,400원에 비하면, 현재 절

반 수준인 18,000원으로 매우 낮아요. 차트상으로 봐도 완전히 바닥입니다. 여기서 중요한 것이 있죠? (미국 대통령 후보) 조 바이든이라는 변수가 있기 때문에 관심을 가지는 것입니다. 이것이 없었다면 이렇게 강조를 하지 않았을 거예요. 그런데 조 바이든 당선 가능성이 점점 커지고 있어요. (중략) 그다음에 친환경 재생에너지 정책, 신재생 에너지를 오바마가 엄청 강조했는데, 그것을 트럼프가 다 뭉갰어요. 그런데 바이든이 당선되면 다시 태양광 발전 산업을 키울 가능성이 큽니다. 그 배경이 이것입니다. 태양광! 그 기업이 한화솔루션입니다. (중략) 이 종목 (현재) 자리는 제가 볼 때 아주 좋은 자리로 보이며, 지금 사면 12월까지는 묻어두어도 될 자리입니다. (중략) 그리고 또 그룹 내에서 김동관 사장에게 경영권이 넘어가면서 그룹에서 전략적으로 키울 것 같아요." (생략)

- (유튜브 '워렌TV' 2020년 8월 24일자 영상 참조) -

자료 3-19. 한화솔루션 추천 이후 급등한 차트(2021년 1월 22일 기준)

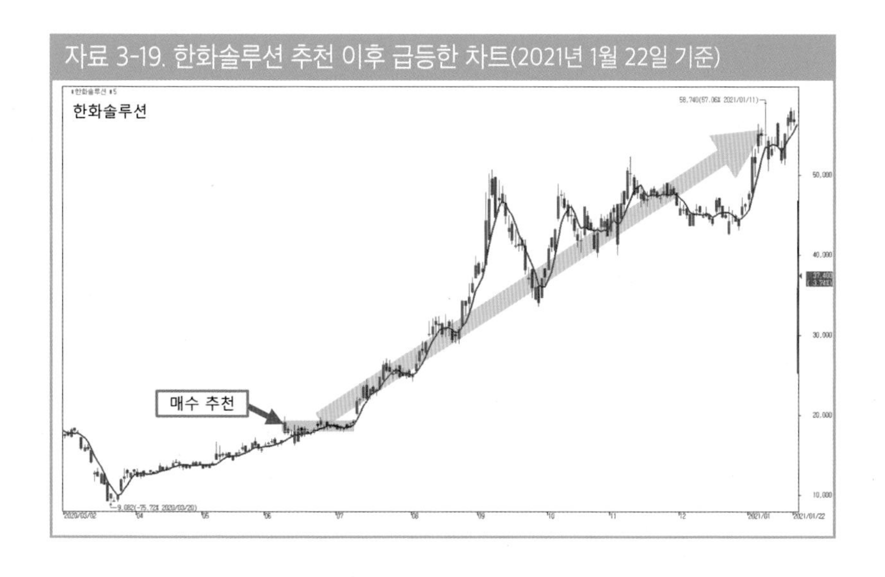

이후로 2021년 1월 초까지 주가는 최고 58,700원까지 200% 이상 급등했습니다. 한화솔루션 투자에서 가장 중요한 것은 대외적으로 미국 대통령 선거에서 민주당이 우세하며, 민주당의 주요 정책이 신재생에너지라는 글로벌 시황에 대한 이해와 경영권 세습이라는 대내적인 상황을 종합적으로 분석했다는 것입니다. 여기에다 우리가 중요하게 생각하는 기업의 기본적 분석, 기술적 분석, 각종 실적 등을 보완한다면 적중률은 더욱 높아질 것입니다.

3

/

롯데케미칼, 50% 이상 수익 낸 사례

롯데케미칼은 석유화학 업종 특성상 상승하기 시작하면 짧게는 수개월에서 길게는 수년간 계속 상승하고, 반대로 하락하기 시작하면 역시 장기간 하락을 지속하는 특성이 있습니다. 그것은 원유를 정제하면서 발생하는 부산물들인 나프타를 이용하는 산업의 사이클과 원유 가격 사이클이 장기간인 것과 관계가 있습니다.

구체적인 글로벌 시황과 산업분석을 통한 매수 포인트를 본격적으로 알아보기에 앞서 롯데케미칼도 앞서 다른 종목들에서 설명한 것과 같이 당시의 상황을 토대로 기본적 분석을 진행한 후 2020년 하반기 추천 사유와 그 후 얼마나 수익을 냈는지를 구체적으로 사례를 설명하겠습니다.

롯데케미칼 초간단 기본적 분석 - FnGuide 기준

초간단 재무제표 체크포인트에 대한 반복 설명은 서체를 보라색으로 표기했습니다. 그 이유는 이 표를 보는 방법을 숙지해 활용하길 바라기 때문입니다. 한 번 본 것을 다 기억하기 어렵고, 또한 읽으면서 궁금한 것을 매번 앞으로 되돌아가 찾아보는 수고를 덜어 편하게 읽을 수 있도록 했습니다.

자료 3-20. 롯데케미칼 시세 현황 - FnGuide

시세현황 [2022/01/28] 단위 : 원, 주,%

항목		값	항목		값
종가/ 전일대비		195,000/ +3,500	거래량		120,116
52주.최고가/ 최저가		328,000/ 191,500	거래대금	(억원)	232
수익률	(1M/ 3M/ 6M/ 1Y)	-14.85/ -14.85/ -27.78/ -28.96	외국인 보유비중		25.13
시가총액	(상장예정포함,억원)	66,837	베타	(1년)	1.14414
시가총액	(보통주,억원)	66,837	액면가		5,000
발행주식수	(보통주/ 우선주)	34,275,419/ 0	유동주식수/비율	(보통주)	15,449,812 / 45.08

롯데케미칼은 시가총액 6조 6,000억 원 규모의 대형주입니다. 시가총액은 5조 원 이상이면 대형주라고 할 수 있습니다. 총발행 주식수는 보통주 약 3,400만 주이고, 우선주는 없습니다.

다음은 유동 주식 비율입니다. 유동 주식 비율이 30% 이하이면 대주주 물량이 너무 많으므로 유동 주식 비율은 매우 적은 편입니다. 이럴 경우 평소 거래량이 매우 적으니 작은 매수와 매도 주문에도 급등락이 심할 수 있습니다. 특히 자금이 필요해 급하게 매도하려 할 때 매수 잔량이 매우 적어 제때 적당한 가격에 못 팔 수 있습니다. 반면 유동 주식 비율이 80% 이상일 경우 대주주 지분이 적어 경영권을 위협하는 M&A 사냥꾼의 표적이 될 수 있습니다. 롯데케미칼 유동 주식 비율은 45.08%로서 기준으로 잡은 30%보다는 높고, 80%를 넘기지 않으니 적당한 편입니다.

자료 3-21. 롯데케미칼 운용사별 보유 현황 - FnGuide

운용사별 보유 현황 [2021/09]　　　　단위 : 천주, 억원, %

운용사명	보유수량	시가평가액	상장주식수내비중	운용사내비중
삼성자산운용	138.34	334.08	0.40	0.07
미래에셋자산운용	95.75	231.22	0.28	0.05
한국투자신탁운용	66.86	161.47	0.20	0.09
하나유비에스자산운용	55.04	132.92	0.16	0.11
엔에이치아문디자산운용	27.97	67.54	0.08	0.05
케이비자산운용	26.13	63.09	0.08	0.03
마이다스에셋자산운용	25.97	62.71	0.08	0.25
한화자산운용	22.81	55.08	0.07	0.06
베어링자산운용	22.45	54.21	0.07	0.61
교보악사자산운용	21.86	52.80	0.06	0.05

'초간단 재무제표 투자 포인트' 기본적 분석 두 번째는 운용사별 보유 현황입니다. 기본적 분석을 하는 이유는 재무제표를 분석해 첫째, 망하지 않을 기업인가, 둘째, 저평가된 기업인가, 셋째, 성장성 기업인가 등을 알고 싶어서일 것입니다. 이 가운데 가장 중요한 것은 첫 번째인 '망하지 않을 기업인가'입니다. 이것을 판단하기 위해서는 재무제표 분석으로 부채비율, 당기순이익, 유동비율, 현금흐름표 분석 등을 통해 판단할 수 있습니다. 그런데 이런 고전적인 어려운 방법을 통하지 않고 아주 쉽게 알 방법이 있습니다. 운용사별 보유 현황에서 여러 자산운용사가 이 기업에 투자하고 있다면, 이 기업은 최소한 망하지 않을 기업이라고 판단하셔도 됩니다. 자산운용사 역시 타인의 자본을 운용하는 입장에서 망할 가능성이 큰 기업에 투자할 리 없기 때문입니다. 더구나 3~4개 이상 운용사가 이 종목을 보유하고 있다면 더욱더 믿을 수 있는 안전한 기업이라고 생각하셔도 됩니다. 우리가 어려운 재무제표를 공부해서 분석하지 않아도 됩니다. 더구나 자산운용사들은 시가총액이 작은 기업들은 투자하지 않으므로 우리도 자연스럽게 이런 기업을 제

외하면 됩니다. 롯데케미칼은 보시는 바와 같이, 이름만 대면 알 수 있는 10여 개의 유명한 자산운용사들이 보유하고 있으니 믿을 수 있는 기업이라고 판단해도 됩니다.

자료 3-22. 롯데케미칼 Business Summary - FnGuide

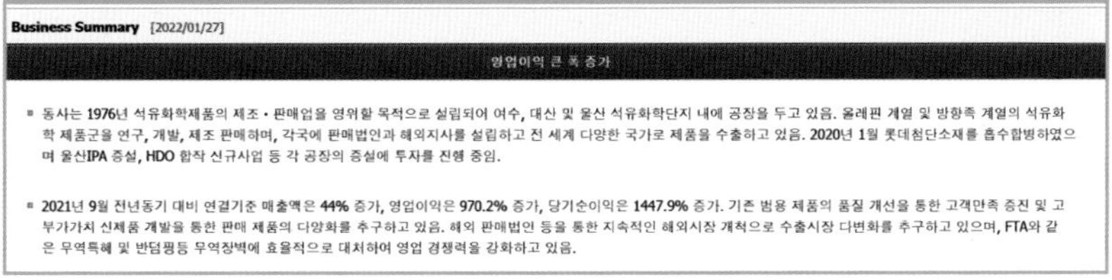

Business Summary [2022/01/27]

영업이익 큰 폭 증가

- 동사는 1976년 석유화학제품의 제조 · 판매업을 영위할 목적으로 설립되어 여수, 대산 및 울산 석유화학단지 내에 공장을 두고 있음. 올레핀 계열 및 방향족 계열의 석유화학 제품군을 연구, 개발, 제조 판매하며, 각국에 판매법인과 해외지사를 설립하고 전 세계 다양한 국가로 제품을 수출하고 있음. 2020년 1월 롯데첨단소재를 흡수합병하였으며 울산IPA 증설, HDO 합작 신규사업 등 각 공장의 증설에 투자를 진행 중임.
- 2021년 9월 전년동기 대비 연결기준 매출액은 44% 증가, 영업이익은 970.2% 증가, 당기순이익은 1447.9% 증가. 기존 범용 제품의 품질 개선을 통한 고객만족 증진 및 고부가가치 신제품 개발을 통한 판매 제품의 다양화를 추구하고 있음. 해외 판매법인 등을 통한 지속적인 해외시장 개척으로 수출시장 다변화를 추구하고 있으며, FTA와 같은 무역특혜 및 반덤핑등 무역장벽에 효율적으로 대처하여 영업 경쟁력을 강화하고 있음.

다음으로는 'Business Summary'입니다. 이 항목에서는 기업의 창업 초기부터 성장 과정, 주력사업과 비즈니스모델 그리고 주 거래 기업까지 요약되어 있습니다. 이것만 읽어도 이 기업에 대해 기본적인 비즈니스 모델에 대해 이해할 수 있습니다. 많은 개인 투자자들이 투자를 결정할 때 무엇이 주 사업 모델인지 자세히 모르고 투자하는 분들이 많습니다.

롯데케미칼은 1976년 석유화학제품의 제조·판매업을 영위할 목적으로 설립되어 여수, 대산 및 울산 석유화학단지 내에 공장을 두고 있습니다. 올레핀 계열 및 방향족 계열의 석유화학 제품군을 연구, 개발, 제조 판매하며, 각국에 판매법인과 해외 지사를 설립하고, 전 세계 다양한 국가로 제품을 수출하고 있습니다. 2020년 1월에 롯데첨단소재를 흡수 합병했으며, 울산IPA 증설, HDD 합작 신규 사업 등 각 공장의 증설에 투자를 진행하고 있습니다. 사업장 중 최대 공장은 전남 여수 공장이며, 여기서 생산하는 제품은 주로 나프타 분해 설비를 이용해 나프타를 주원료로 에틸렌을 가장 많이 생산하고 있어 나프타 가격에 따라 주가가 움직이는 경향이 있습니다.

자료 3-23. 롯데케미칼 Financial Highlight - FnGuide

Financial Highlight [연결|전체] 단위 : 억원, %, 배, 천주 연결 별도 전체 연간 분기

IFRS(연결)	Annual				Net Quarter			
	2018/12	2019/12	2020/12	2021/12(E)	2021/03	2021/06	2021/09	2021/12(E)
매출액	160,731	151,235	122,230	175,577	41,683	43,520	44,419	45,645
영업이익	19,462	11,073	3,569	17,973	6,238	5,940	2,883	2,674
영업이익(발표기준)	19,462	11,073	3,569		6,238	5,940	2,883	
당기순이익	16,419	7,567	1,753	15,555	5,379	5,009	3,128	2,404

다음은 'Financial Highlight'입니다. 이곳에서는 매출액, 영업이익, 당기순이익 추이를 해당 연도 말 추정치까지 확인할 수 있습니다. 이곳에는 2~3년 연속 적자기업일 경우 투자를 결정하는 데 주의가 필요합니다. 특히 회계감사보고서 제출 기간인 매년 3월에는 자본 잠식 가능성이 큰 기업일 경우 회계감사 결과의 경중에 따라 관리종목 지정이나 상장폐지 가능성이 있으니 투자를 피해야 합니다. 물론 시가총액 규모가 큰 기업이나 자산운용사가 여럿 들어와 있는 기업은 당기순이익 적자 여부는 크게 중요하지 않을 수 있습니다. 롯데케미칼은 2020년은 코로나19로 인해 실적이 급감했지만, 2021년은 오히려 코로나 이전보다 훨씬 크게 실적이 증가한 것을 알 수 있습니다.

자료 3-24. 롯데케미칼 유동비율 - FnGuide

재무비율 [누적] 단위 : %, 억원

IFRS(연결)	2017/12	2018/12	2019/12	2020/12	2021/09
안정성비율					
유동비율	217.0	205.6	263.5	239.8	247.9
당좌비율	176.5	160.7	202.2	185.5	180.1

'초간단 재무제표 체크포인트'를 통한 기본적 분석에서 가장 중요한 유동비율입니다. 유동비율은 1년 안에 현금화할 수 있는 유동자산을

1년 안에 갚아야 할 유동부채로 나눈 값이 유동비율입니다. 유동비율이 100%가 넘는다는 것은 1년 안에 갚아야 할 부채보다 1년 안에 현금화할 수 있는 현금이 많다는 의미로서 현금흐름에 문제가 없다는 것을 의미합니다. 여기서 주의할 것은 판매나 제조업의 경우 재고자산이 유동자산에 포함되는데, 재고자산이 증가한다는 것은 매출이 감소하는 것으로서 좋지 않은데, 유동자산은 증가해 유동비율에 양호하게 영향을 미칠 수 있습니다. 따라서 재고자산을 뺀 현금성 자산의 유동비율인 당좌비율을 함께 보는 것이 중요합니다.

유동비율이 100%보다 크더라도 당좌비율이 100%보다 낮다면 현금흐름이 부진해 유상증자 등의 우려도 있을 수 있습니다. 롯데케미칼의 유동비율은 247.9%로 매우 양호하며 재고자산을 제외한 당좌비율도 180.1%이므로 매우 양호하다고 볼 수 있습니다.

자료 3-25. 롯데케미칼 컨센서스 - FnGuide

IFRS (연결) | 연간	2018/12	2019/12	2020/12	2021/12(E)	2022/12(E)	2023/12(E)
매출액	160,731	151,235	122,230	175,577	183,873	187,726
영업이익	19,462	11,073	3,569	17,973	15,795	17,259
당기순이익	16,419	7,567	1,753	15,555	13,515	14,395

각 증권사 애널리스트들이 해당 기업을 분석해 향후 매출액이나 영업이익을 예측해 발표하는데, 여러 증권사의 기업 보고서를 평균한 값을 제시한 것이 컨센서스입니다. 여기서 가장 중요한 것은 향후 추이입니다. 매출액이나 영업이익이 향후 꾸준히 증가하는 기업은 외국인이나 기관들이 꾸준히 매수할 가능성이 큽니다. 이런 종목에 투자하면 안정적으로 수익을 낼 수 있습니다. 롯데케미칼의 컨센서스는 2023년까지 매출액은 꾸준히 상승할 전망이며, 영업이익과 당기순이익은 2022년에는 다소 부진하다 2023년에 다시 원상태 이상으로 회복될 것으로

예상됩니다.

롯데케미칼을 추천해 90% 이상 수익 낸 사례 집중 탐구

롯데케미칼은 2018년 3월에 주가 475,000원을 고점으로 하락하기 시작해 2년 6개월 동안 60% 이상 하락했습니다. 그러다 하락을 멈추고 약 한 달간 횡보 중인 상황이었습니다.

자료 3-26. 롯데케미칼 차트(2020년 9월 3일 기준)

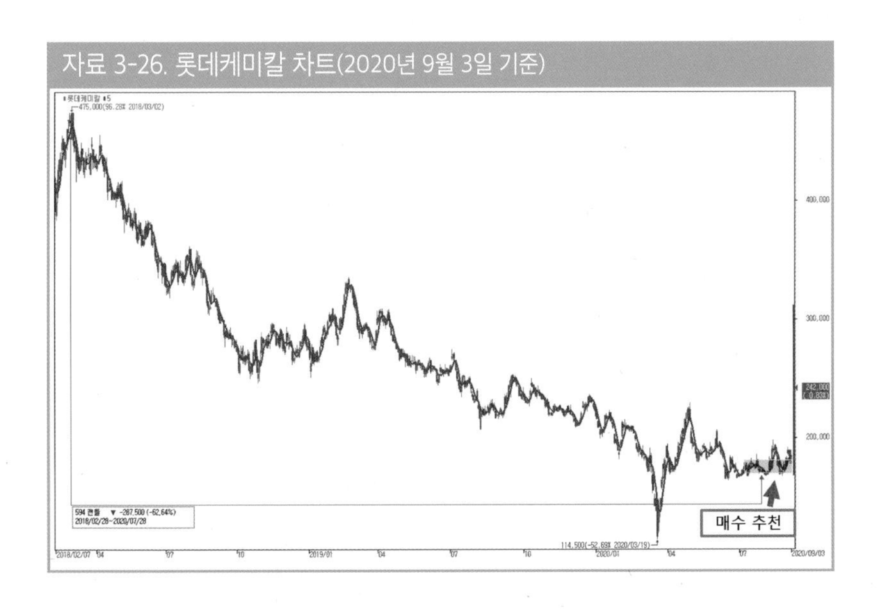

롯데케미칼은 석유화학의 핵심 원료로 합성수지, 합성원료, 합성고무 등 다양한 물질을 만드는 기초원료인 산업의 쌀, '에틸렌'을 만드는 기업입니다. 에틸렌이 없으면 모든 산업이 멈추게 됩니다. 에틸렌은 플라스틱, 비닐, 화학섬유 등을 만드는 원료이기 때문입니다. 에틸렌은 무

색의 기체로 석유화학, 천연가스 등 탄화수소(나프타, 에탄, LPG, Gas, Oil, NGL) 등을 열분해해 만듭니다. 이것을 생산하는 2가지 방법으로 'NCC'와 'ECC'가 있습니다. 이 중 NCC는 'Naphtha Cracking Center'의 약자로서 나프타 분해설비를 통해서 만드는 방법이며, ECC는 천연가스의 에탄을 분해해 에틸렌을 만드는 것입니다. 천연가스를 이용한 ECC 방식은 미국 셰일가스 혁명 이후 크게 주목받고 있습니다. 가스가격이 하락하면서 나프타를 분해하는 절반 가격으로 에탄올을 분해해 에틸렌을 만들 수 있게 되어 미국 ECC 공장에 투자하고 크게 의존했는데, 2020년 3월에 코로나19로 인한 원유가격이 폭락해 셰일가스 유정이 대량으로 닫히면서 미국의 에탄 가격이 최근 급등해 NCC로 에틸렌을 주로 생산하는 롯데케미칼이 상대적으로 유리한 상황이 되어 주가가 크게 상승할 가능성이 컸습니다.

그런데 주가는 앞의 자료 3-26과 같이 크게 하락하다 멈추고 더 이상 하락하지 않고 횡보 중이었고, 이런 자리에서 하락 가능성은 10%

자료 3-27. 롯데케미칼 추천 이후 급등한 차트(2021년 3월 17일 기준)

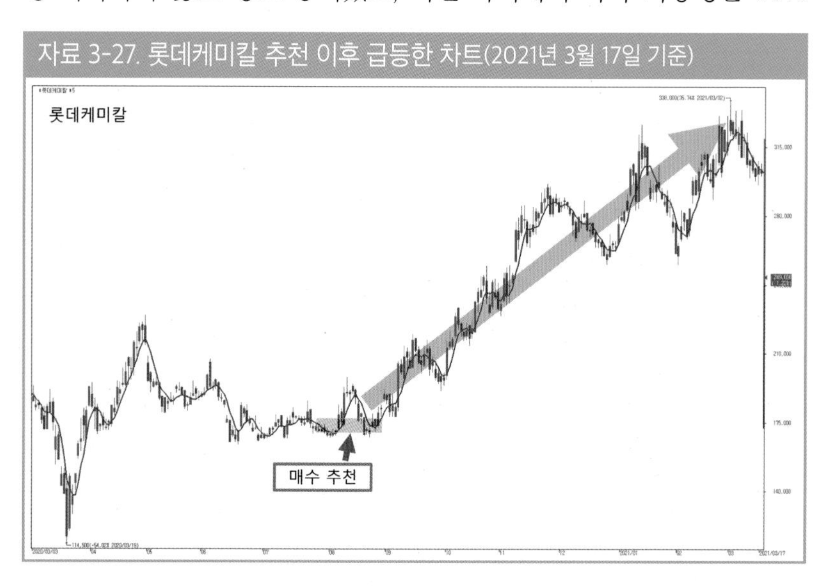

이하이며, 상승 가능성이 70% 이상이었기에 비중을 크게 실어도 된다고 판단하고 매수 종목으로 강력하게 추천했습니다.

그 후 롯데케미칼은 2021년 2월까지 7개월간 90% 이상 상승했습니다. 이러한 상황에서 롯데케미칼이 크게 상승할 것이라고 확신하기 위해서는 여러 가지 시황과 업황에 대한 이해가 필요합니다.

첫째, 에틸렌을 생산하는 방법이 NCC와 ECC가 있는데, 롯데케미칼은 주로 NCC에 의한 에틸렌 생산이 주력입니다.

둘째, 코로나19로 인한 원유가격 하락으로 미국 셰일 가스 유정이 폐쇄되면서 ECC가 부족해짐에 따라 NCC가 주력인 롯데케미칼의 가격 경쟁력이 높아질 것으로 예상됐습니다.

셋째, 그동안 오랫동안 하락하던 주가가 마침내 하락을 멈추고 서서히 반등을 준비하는 차트 모양을 보였습니다. 팬데믹으로 인한 폭락 이후 단기간에 회복한 후 가격 조정과 기간 조정을 거치면서 상승지속형인 삼각수렴형 패턴이 완성되며 힘이 응축됐습니다. 이럴 경우 상승하기 시작하면 강하게 상승하는 유형의 차트입니다.

종목 발굴에서 가장 중요한 것은 시황과 업황입니다. 그다음이 종목 선정인데, 종목 선정에서 가장 중요한 것은 '초간단 재무제표 체크포인트'를 통한 기본적 분석으로 중요한 것은 모두 체크합니다. 마지막으로는 매수 타이밍입니다. 이미 많이 오른 종목은 매수하지 않고, 많이 상승하기 직전 또는 초입에 매수하는 타이밍을 잡는 것이 가장 중요합니다.

4

한국조선해양, 90% 이상 수익 낸 사례

한국조선해양은 2020년 4분기 코로나19로 인해 멈췄던 선박회사들의 발주가 시작되면서 그동안 중국과 일본에 밀렸던 한국조선 업황이 살아나던 시기에 최저점에서 추천해 90% 이상 수익을 낸 종목입니다. 먼저 한국조선해양도 '초간단 재무제표 체크포인트'를 통한 기본적 분석을 먼저 한 후 2020년 4분기 추천 사유와 그 후 얼마나 수익을 냈는지 구체적으로 사례를 상세히 설명하겠습니다.

한국조선해양 초간단 기본적 분석 - FnGuide 기준

초간단 재무제표 체크포인트에 대한 반복 설명은 서체를 보라색으로 표기했습니다. 그 이유는 이 표를 보는 방법을 숙지해 활용하길 바라기 때문입니다. 한 번 본 것을 다 기억하기 어렵고, 또한 읽으면서 궁금한 것을 매번 앞으로 되돌아가 찾아보는 수고를 덜어 편하게 읽을 수 있도록 했습니다.

자료 3-28. 한국조선해양 시세 현황 - FnGuide

시세현황 [2022/01/28]					단위 : 원, 주,%
종가/ 전일대비		79,700/ +1,900	거래량		295,099
52주.최고가/ 최저가		160,500/ 77,800	거래대금	(억원)	233
수익률	(1M/ 3M/ 6M/ 1Y)	-14.76/ -21.86/ -40.08/ -18.92	외국인 보유비중		19.67
시가총액	(상장예정포함,억원)	56,406	베타	(1년)	1.18941
시가총액	(보통주,억원)	56,406	액면가		5,000
발행주식수	(보통주/ 우선주)	70,773,116/ 0	유동주식수/비율	(보통주)	45,111,741 / 63.74

한국조선해양은 시가총액 5조 6,000억 원 규모의 대형주로서 시가총액은 5조 원 이상이면 대형주라고 할 수 있습니다. 총발행 주식수는 보통주 약 7,000만 주이고 우선주는 없습니다. 발행 주식에서 시중에 유통되는 유동 주식 비율은 63.74%로서 많지도, 적지도 않고 적당합니다. 유동 주식 비율이 30% 이하이면 대주주 물량이 너무 많아 평소 거래량이 매우 적어서 작은 변동성에도 급등락이 심할 수 있고, 또한 매도하고 싶을 때 매수 잔량이 매우 적어 제때 적당한 가격에 못 팔 수 있습니다. 또한, 유동 주식 비율이 80% 이상일 경우 대주주 지분이 적어 경영권을 위협하는 M&A 사냥꾼의 표적이 될 수 있습니다. 따라서 한국조선해양의 유동 주식 비율 63.74%는 매우 적당한 수준입니다.

자료 3-29. 한국조선해양 운용사별 보유 현황 - FnGuide

운용사별 보유 현황 [2021/09] 단위 : 천주, 억원, %

운용사명	보유수량	시가평가액	상장주식수내비중	운용사내비중
삼성자산운용	378.24	385.80	0.53	0.08
미래에셋자산운용	295.74	301.65	0.42	0.06
케이비자산운용	66.27	67.60	0.09	0.03
교보악사자산운용	63.41	64.68	0.09	0.06
엔에이치아문디자산운용	55.22	56.32	0.08	0.04
한화자산운용	50.00	51.00	0.07	0.05
한국투자신탁운용	49.87	50.87	0.07	0.03
키움투자자산운용	43.26	44.13	0.06	0.04
신영자산운용	14.68	14.97	0.02	0.04
신한자산운용	14.20	14.48	0.02	0.01

'초간단 재무제표 체크포인트' 기본적 분석 두 번째는 운용사별 보유 현황입니다. 기본적 분석을 하는 이유는 몇 가지 있겠지만, 이 중 가장 중요한 것은 '망하지 않을 기업인가'입니다. 이것을 판단하는 방법 중 가장 쉬운 방법은 이름만 들으면 알 수 있는 여러 자산운용사가 이 종목을 보유하고 있다면 매우 안전한 기업이라고 판단하셔도 됩니다. 더구나 1개가 아닌 3~4개 이상 운용사가 이 종목을 보유하고 있다면 더욱 믿을 수 있는 안전한 기업입니다. 따라서 한국조선해양은 이름만 대면 알 수 있는 자산운용사인 삼성자산운용, 미래에셋자산운용 등 10여 개사가 보유하고 있으니 믿을 수 있는 기업입니다.

자료 3-30. 한국조선해양 Business Summary - FnGuide

Business Summary [2022/01/27]

3분기 누적기준 큰 폭의 적자 기록

- 지주회사로 다른 회사를 지배함과 동시에 미래기술사업 등을 영위하고 있으며, 주요 종속회사로는 현대중공업, 현대삼호중공업, 현대미포조선 등이 있음. 현대미포조선, 현대삼호중공업, **Hyundai-Vinashin Shipyard** 등 종속기업을 포함하여 조선부문에서 선도적인 지위를 유지하고 있음. 매출은 조선 **85.45%**, 엔진기계 **4.66%**, 해양플랜트 **4.30%** 등으로 이루어져 있음.
- **2021**년 **9**월 전년동기 대비 연결기준 매출액은 **2.6%** 감소, 영업이익 적자전환, 당기순이익 적자전환. **3**분기 실적은 환율의 우호적인 흐름과 엔진 사업부문의 호실적으로 긍정적인 실적을 나타냄. 하지만 **2**분기 수천억원의 공사손실충당금으로 인한 큰 폭의 적자가 지속적인 영향을 끼쳐 누적 기준으로 적자 기록. 향후 환율, 후판가격 변화 그리고 원가 절감 강도에 따라서 추가 환입 가능성 있음.

이번에는 'Business Summary'입니다. 이 항목에서는 기업의 설립부터 성장 과정, 주력사업과 비즈니스 모델, 그리고 주 거래 기업까지 요약되어 있습니다. 이것만 읽으면 이 기업의 기본적인 비즈니스 모델에 대해 이해할 수 있습니다. 한국조선해양은 지주회사로 다른 회사를 지배함과 동시에 미래기술 사업 등을 영위하고 있으며, 주요 종속회사로 현대중공업, 현대삼호중공업, 현대미포조선, 현대삼호중공업, Hyundai-Vinashin Shipyard 등을 포함해 조선 부문에서 선도적인 지위를 유지하고 있는 초대형 조선지주회사입니다. 얼마 전 대우조선해양까지 인수하려다 유럽연합 등 몇몇 국가들이 독과점을 우려해 반대해서 무산됐습니다. 2020년 추천 당시에는 현대중공업이 상장하기 전이었는데, 2021년 9월 17일에 상장해 현재는 한국조선해양의 투자 가치가 이전보다 다소 줄어든 상태입니다

자료 3-31. 한국조선해양 Financial Highlight - FnGuide

Financial Highlight [연결|전체]

단위 : 억원, %, 배, 천주 연결 별도 전체 연간 분기

IFRS(연결)	Annual				Net Quarter			
	2018/12	2019/12	2020/12	2021/12(E)	2021/03	2021/06	2021/09	2021/12(E)
매출액	131,610	151,826	149,037	151,519	36,815	37,973	35,580	40,887
영업이익	-4,814	2,902	744	-7,122	675	-8,973	1,418	-355
영업이익(발표기준)	-4,814	2,902	744		675	-8,973	1,418	
당기순이익	-4,536	2,131	-8,352	-5,681	636	-7,221	1,926	-603

다음은 'Financial Highlight'입니다. 이곳에서는 매출액, 영업이익, 당기순이익 추이를 해당 연도 말 추정치까지 확인할 수 있습니다. 이곳에는 2~3년 연속 적자기업일 경우 투자를 결정하는 데 주의가 필요합니다. 특히 회계감사보고서 제출 기간인 매년 3월에는 자본잠식 가능성이 큰 기업일 경우 회계감사 결과의 경중에 따라 관리종목 지정이나 상장폐지 가능성이 있으니 투자를 피해야 합니다. 물론 시가총액 규모가 큰 기업이나 자산운용사가 여럿 들어와 있는 기업은 당기순이익 적자 여부는 크게 중요하지 않을 수 있습니다. 한국조선해양은 2021년 매출액은 증가했지만, 후판가격 급등에 따른 손실 충당금 반영으로 영업이익과 당기순이익은 적자 전환했습니다.

자료 3-32. 한국조선해양 유동비율 - FnGuide

재무비율 [누적]

단위 : %, 억원

IFRS(연결)	2017/12	2018/12	2019/12	2020/12	2021/09
안정성비율					
유동비율	113.1	130.9	140.3	136.7	146.0
당좌비율	107.7	120.2	125.6	123.5	130.7

초간단 기본적 분석에서 가장 중요한 유동비율입니다. 유동비율은 1년 안에 현금화할 수 있는 유동자산을 1년 안에 갚아야 할 유동부채로 나눈 값이 유동비율입니다. 유동비율이 100%가 넘는다는 것은 1년 안에 갚아야 할 부채보다 1년 안에 현금화할 수 있는 현금이 많다는 의미로서 현금흐름에 문제가 없다는 의미입니다. 재고자산을 뺀 현금성 자산의 유동비율인 당좌비율을 확인해 이 비율이 낮을 경우 현금흐름이 부진해 유상증자 등의 우려가 있습니다. 따라서 유동비율과 당좌비율 모두 100%가 넘는다면 해당 기업의 현금흐름이 매우 양호하다고 할 수 있습니다. 한국조선해양의 유동비율은 146.0%로 양호하며, 재고자산을 제외한 당좌비율도 130.7%로 양호해 이 기업의 현금흐름은 매우 양호합니다.

자료 3-33. 한국조선해양 컨센서스 - FnGuide

IFRS (연결) | 연간	2018/12	2019/12	2020/12	2021/12(E)	2022/12(E)	2023/12(E)
매출액	131,610	151,826	149,037	151,519	171,721	189,497
영업이익	-4,814	2,902	744	-7,122	3,419	7,695
당기순이익	-4,536	2,131	-8,352	-5,681	2,475	5,692

각 증권사 애널리스트들이 해당 기업을 분석해 향후 매출액이나 영업이익을 예측해 발표하는데, 여러 증권사의 기업 보고서를 평균한 값을 제시한 것이 컨센서스입니다. 여기서 가장 중요한 것은 향후 추이입니다. 매출액이나 영업이익이 향후 꾸준히 증가하는 기업은 외국인이나 기관들이 꾸준히 매수할 가능성이 큽니다. 이런 종목에 투자하면 안정적으로 수익을 낼 수 있습니다. 한국조선해양의 컨센서스는 2021년 후판 가격 급등에 따른 손실 충당금 선반영으로 당기순이익 적자 전환했지만, 점차 후판 가격이 안정을 찾으면서 2022년에 다시 흑자 전환하고, 계속된 수주로 인해 2023년 영업이익과 당기순이익이 크게 개선

될 것으로 예상됩니다. 한국조선해양의 유동비율은 146.0%, 당좌비율 역시 130.7%로 100%를 상회합니다. 그러므로 이 기업은 현금흐름이 양호하다는 것을 알 수 있습니다.

한국조선해양을 추천해 90% 이상 수익 낸 사례 집중 탐구

자료 3-34. 한국조선해양 차트(2020년 11월 4일 기준)

한국조선해양은 2017년 6월 이후 3년 5개월 동안 계속 하락하던 중이었습니다. 2011년 4월에 주가 503,000원을 최고점으로 83,000원까지 무려 84% 하락했습니다. 그동안 무슨 일이 있었던 것일까요? 이전에 모 증권사 사장이 "달리는 말에 올라타라"면서 투자를 독려하던 때가 있었습니다. 당시는 2003년부터 2007년 말까지 중국의 급성장 덕분에 우리나라 증시가 크게 상승하던 때로, 코스피가 150% 급등하던

시기였습니다. 그런데 2010년 이후부터는 우리나라 대형주가 끝없이 하락하기 시작했습니다. 이 시기에 믿을 수 있다고 대형주 투자하신 분들은 크게 손실을 봤습니다. 따라서 주식 격언은 당시에는 맞았는지 모르지만, 시장 상황이 변하면 틀릴 수 있습니다. 우량주, 대형주, 우리나라 대표주에 투자한다고 반드시 성공하는 것이 아닙니다. 주식 투자는 망하지 않을 기업에 투자하는 것이 아니라, 많이 상승할 종목에 투자해야 한다는 것을 명심하시기 바랍니다.

자료 3-35. 선박 세계 수주 현황

구분	한국	중국	일본
2011	1위(40%)	2위(35%)	3위(12%)
2012	2위(32%)	1위(35%)	3위(16%)
2013	2위(30%)	1위(43%)	3위(16%)
2014	2위(29%)	1위(37%)	3위(22%)
2015	3위(26%)	1위(32%)	2위(30%)
2016	3위(16%)	1위(36%)	2위(17%)
2017	2위(26%)	1위(42%)	3위(12%)
2018	1위(38%)	2위(31%)	3위(20%)
2019	2위(34%)	1위(34%)	3위(17%)
2020	1위(43%)	2위(41%)	3위(7%)

출처 : 클락슨 리서치 / 김영권 기자, 韓, 조선업계 1월 글로벌 선박수주 1위, <파이낸셜뉴스>, 2021. 02. 09

2010년 이전에 수년간 세계 선박 수주 1위를 하던 한국 조선업이 중국의 저가 수주 공세에 2012년부터 2014년까지 1위를 내주고 중국에 이어 2위를 하다가 2015년과 2016년에는 일본에까지 자리를 내주고 3위까지 내려앉았습니다. 그사이 중국이 저가 수주로 내리 1등을 했습니다. 한국조선해양도 2005년 12월부터 주가는 60,000원대에서 2007년 11월까지 490,000원까지 무려 7배나 급등했습니다.

자료 3-36. 중국 조선업체 관련 기사

HOME > 산업

중국 조선사들 선박인도 약속 불이행 속출..한국 반사이익 얻나

정영일 기자 | 승인 2014.04.08 10:04 | 댓글 0

중국 조선업체들이 올들어 수주실적에서 한국을 다시 앞질렀지만 그들의 미래는 여전히 불투명한 것으로 전해져 주목된다.

8일 로이터 통신에 따르면 중국 조선업체의 상황이 여전히 열악하다. 중국 조선업체들은 주문 받은 선박중 3분의 1가량을 선박 인도 기일 내 공급하지 못하고 있다.

물론 약정 위반에 따른 손실은 보증을 선 은행들이 떠안겠지만 중국 조선업체의 경쟁력이 아직은 열악하다는 것을 입증하는 것이어서 눈길을 끌고 있다. 이런 상황이 지속될 경우 중국 조선업체들에 대한 대외 신인도 하락이 불가피할 전망이다. 아울러 중국 조선업체들의 부진은 은행 부실채권을 가중시키는 상황으로까지 어이질 것으로 보인다.

이에따라 이같은 중국 조선업체들의 신뢰도 추락이 한국 조선업계에 반사이익을 안겨줄지 주목된다.

출처 : 정영일 기자, 중국 조선사들 선박인도 약속 불이행 속출 … 한국 반사이익 얻나, <초이스경제> , 2014년 4월 8일자 기사

중국은 2011년부터 저가로 대량 수주하면서 2017년까지 세계 선박 수주 1위를 계속했습니다. 하지만 중국 조선업계는 선박 제조 기술이 떨어지고, 저가 수주로 납기를 제때 못 맞추면서 주문받은 선박 중 3분의 1가량을 선박 인도 기일 내 공급하지 못했습니다. 이러면서 일본이 수주가 점차 늘어나면서 2015년과 2016년에는 일본이 선박 수주 2위를 했습니다. 그런데 일본에서 제조한 선박이 두 동강이 나는 사건들이 연이어 일어났습니다.

자료 3-37. 일본에서 제조한 선박 관련 기사

아주경제 2013.06.28.

일본 8110TEU급 **컨테이너선**, 가운데 '뚝'.."후반부 침몰"

(사진출처: http://www.vesselfinder.com) 지난 17일 인도양 해상에서 **두동강**이 난 **일본** 해운사 미쓰이 오에스케이 라인(MOL)의 8110TEU(1TEU는 20피트 길이 컨테

뉴스 > 국제 > 국제사고

日화물선 결국 두 동강… 모리셔스 해안 기름유출 확산

카이로=임현석 특파원 입력 2020-08-17 03:00 수정 2020-08-17 03:00

선박 앞부분 견인작업 착수
日선사 "남아있던 원유 3000t 제거"… '와이파이 잡으려 육지 접근' 보도도

지난달 25일 인도양 모리셔스 해안에서 좌초해 기름 유출 사고를 일으킨 일본 화물선 와카시오호가 두 동강 난 모습이 16일 공개됐다. 사진 출처 와카시오 클린업 공식 페이스북

출처 : 일본 8110TEU급 컨테이너선, 가운데 '뚝' … "후반부 침몰", <아주경제>, 2013년 6월 28일자 기사 / 임현석 특파원, 日화물선 결국 두 동강 … 모리셔스 해안 기름유출 확산, <동아일보>, 2020년 8월 17일자 기사

2013년 6월에는 일본 8110TEU급 컨테이너선이 두 동강이 났으며, 2020년 8월에는 일 화물선이 좌초되어 두 동강 나는 사건이 또 벌어졌습니다. 세계 조선업계는 중국은 기술력도 부족하고 납기 또한 제때 못 맞추는 일이 자주 일어나고, 일본은 배가 두 동강이 나는 사건으로 가격은 비싼데 안정성이 문제가 되면서 세계는 가격도 적당하고, 기술력도 좋은 한국의 조선사들에 다시 주목하게 됐습니다. 그러는 과정 중에 한국조선해양은 2011년 4월에 주가 503,000원을 최고점으로 80,000

원대까지 하염없이 하락했습니다. 그동안 많이 하락한 상태에서 주가가 횡보하던 중에 2020년 11월 4일부터 외국인과 기관 투자자들이 일제히 순매수했습니다. 앞서 설명한 것가 같이 이 모든 것을 종합해볼 때 향후 3~4년간은 우리나라 조선업이 세계를 주도할 가능성이 매우 크니 지금 매수하는 것이 최적기일 것으로 판단됐습니다. 당시에 매수한다면 최저점 매수가 될 것이라며 강력하게 추천했습니다.

자료 3-38. 한국조선해양 추천 이후 급등한 차트(2021년 5월 24일 기준)

그 후로 2021년 5월까지 최고 93% 상승했습니다. 그러다 최고점 부근에서 조정받기 시작해 전량 매도했습니다. 이 종목을 발굴해 큰 수익을 내기 위해서는 다음과 같은 과정을 거쳤습니다.

첫째, 세계 조선업에 대한 역사와 중국과 일본 등 경쟁국들의 선박수주 흐름을 꿰고 있었습니다.

둘째, 우리나라 조선업의 역사와 경쟁력에 대해 상세히 파악하고 있었습니다.

셋째, 기술적 분석인 차트에 대한 이해도가 높아 매수 신호를 정확히 잡아냈습니다.

넷째, 외국인 기관 수급과 펀드 매니저들의 매매 패턴을 충분히 알고 있어서 자신있게 추천해 크게 수익을 낼 수 있었습니다.

5

셀트리온헬스케어, 100% 이상 수익 낸 사례

셀트리온에서 만드는 바이오시밀러(복제약)를 국내는 셀트리온제약이 주로 공급하고, 전 세계에는 셀트리온헬스케어가 공급합니다. 2020년 6월 25일 주가 112,400원을 고점으로 30% 이상 하락했다가 20일 이동평균선을 돌파하는 타이밍에 매수해 200% 이상 수익을 낸 종목입니다. 그 사례를 알아보기에 앞서 셀트리온헬스케어도 '초간단 재무제표 체크포인트'를 통한 기본적 분석 후 2020년 4분기 추천 사유와 그 후 얼마나 수익을 냈는지 구체적으로 사례를 설명하겠습니다.

셀트리온헬스케어 초간단 기본적 분석 - FnGuide 기준

자료 3-39. 셀트리온헬스케어 시세 현황 - FnGuide

시세현황 [2022/01/28] 단위 : 원, 주,%

종가/ 전일대비		62,500/ +2,500	거래량		799,699
52주.최고가/ 최저가		154,475/ 60,000	거래대금	(억원)	495
수익률	(1M/ 3M/ 6M/ 1Y)	-28.00/ -27.01/ -42.69/ -57.29	외국인 보유비중		17.10
시가총액	(상장예정포함,억원)	98,809	베타	(1년)	1.34129
시가총액	(보통주,억원)	96,893	액면가		1,000
발행주식수	(보통주/ 우선주)	155,028,498/ 0	유동주식수/비율	(보통주)	95,416,695 / 60.35

셀트리온헬스케어는 시가총액 9조 6,000억 원 규모의 초대형주입니다. 총발행 주식수는 보통주 약 1억 5,500만 주이고 우선주는 없습니다. 발행 주식에서 시중에 유통되는 유동 주식 비율은 60.35%로서 많지도, 적지도 않게 적당합니다.

자료 3-40. 셀트리온헬스케어 운용사별 현황 - FnGuide

운용사별 보유 현황 [2021/09] 단위 : 천주, 억원, %

운용사명	보유수량	시가평가액	상장주식수내비중	운용사내비중
삼성자산운용	982.88	1,075.27	0.63	0.22
미래에셋자산운용	676.71	740.32	0.44	0.16
케이비자산운용	239.08	261.56	0.15	0.11
에셋원자산운용	123.97	135.62	0.08	0.84
엔에이치아문디자산운용	116.16	127.08	0.07	0.10
한국투자밸류자산운용	107.27	117.36	0.07	0.47
디비자산운용	57.61	63.03	0.04	0.19
한국투자신탁운용	57.11	62.48	0.04	0.03
신한자산운용	54.60	59.73	0.04	0.03
케이티비자산운용	46.18	50.52	0.03	0.10

두 번째로 운용사별 보유 현황을 보겠습니다. 셀트리온헬스케어 역시 전에 다루었던 종목들처럼 이름만 대면 알 만한 운용사 10여 개사가 보유 중이니, 안정된 기업임을 알 수 있습니다.

자료 3-41. 셀트리온헬스케어 Business Summary - FnGuide

Business Summary [2022/01/27]

비용 증가에 따른 수익성 하락

- 1999년 12월 설립된 동사는 주요 계열사인 셀트리온과 공동 개발 중인 바이오의약품(바이오시밀러, 바이오베터, 바이오 신약)들의 글로벌 마케팅 및 판매를 독점적으로 담당하고 있음. 동사가 주력하고 있는 바이오시밀러 제품은 인플릭시맙(램시마), 리툭시맙(트룩시마), 트라스투주맙(허주마) 등임. 글로벌 제약사인 화이자, Teva 등을 포함하여 110여개 국가에서 30개 파트너와 판매 및 유통 파트너십을 구축하고 있음.

- 2021년 9월 전년동기 대비 연결기준 매출액은 3.4% 감소, 영업이익은 52% 감소, 당기순이익은 34.9% 감소. 코로나로 인해 원재료 수급 및 해외 수출 여건이 어려워지면서 매출에 비해 비용이 크게 증가하여 수익성이 하락하였음. 플렉트라는 지속적으로 시장 점유율을 늘리고 보험사 커버리지가 확대되면서 점진적으로 처방이 증가하여 2021년 9월 기준 경쟁 바이오시밀러 대비 2배 이상 높은 21.2%의 점유율을 달성하였음.

셀트리온헬스케어는 1999년 12월에 설립됐으며, 셀트리온 계열사로서 공동 개발 중인 바이오의약품(바이오시밀러, 바이오베터, 바이오 신약)들의 글로벌 마케팅 및 판매를 독점적으로 담당하고 있습니다. 주력제품으로 바이오시밀러 제품인 인플릭시맙(램시마), 리툭시맙(트룩시마), 트라스투주맙(허주마) 등으로 세계적으로 히트 치고 있습니다. 글로벌 제약사인 화이자 등을 포함해 110여 개 국가에서 30개 파트너와 판매 및 유통 파트너십을 구축하고 있는 글로벌 기업입니다.

자료 3-42. 셀트리온헬스케어 Financial Highlight - FnGuide

Financial Highlight [연결|전체]   단위 : 억원, %, 배, 천주   연결 | 별도   전체 | 연간 | 분기

IFRS(연결)	Annual				Net Quarter			
	2018/12	2019/12	2020/12	2021/12(E)	2021/03	2021/06	2021/09	2021/12(E)
매출액	7,135	11,009	16,276	17,384	3,563	4,333	4,091	5,369
영업이익	-252	828	3,621	2,045	315	762	220	782
영업이익(발표기준)	-252	828	3,621		315	762	220	
당기순이익	114	650	2,404	1,893	315	637	406	721

'Financial Highlight'를 보면, 셀트리온헬스케어는 2018년 이후 매출액, 영업이익 그리고 당기순이익이 전부 급증했으나 최근에는 분식회계 논란이 일어 잠시 주춤했습니다. 그러나 고의성이 없어 분식회계가 아닌 것으로 결론이 난 상태입니다.

자료 3-43. 셀트리온헬스케어 유동비율 - FnGuide

재무비율 [누적] 단위 : %, 억원

IFRS(연결)	2017/12	2018/12	2019/12	2020/12	2021/09
안정성비율					
유동비율	281.9	218.4	248.9	211.1	221.7
당좌비율	123.4	85.7	97.4	88.3	88.2

가장 중요한 유동비율을 체크하겠습니다. 셀트리온헬스케어의 유동비율은 211.1%로 100%를 넘어가며 매우 양호한 편입니다. 다만 재고자산을 뺀 현금성 자산의 유동비율인 당좌비율이 88.2%로 걱정할 정도는 아니지만, 100% 아래인데, 재고자산이 점점 늘어나는 경우 이러한 모습을 보일 수 있습니다. 규모의 경제라고 기업의 규모가 일정 수준 이상 커지면 은행과의 거래가 원활해서 지속적인 적자로 자본잠식이 일어나지 않는 한 문제가 생기지 않습니다.

자료 3-44. 셀트리온헬스케어 컨센서스 - FnGuide

IFRS (연결) | 연간	2018/12	2019/12	2020/12	2021/12(E)	2022/12(E)	2023/12(E)
매출액	7,135	11,009	16,276	17,384	19,850	22,585
영업이익	-252	828	3,621	2,045	2,916	3,453
당기순이익	114	650	2,404	1,893	2,360	2,845

다음 항목인 컨센서스를 보면, 셀트리온헬스케어는 2018년 이후 매출액과 영업이익, 그리고 당기순익 모두 꾸준히 상승하고 있습니다. 특히 영업이익은 2021년 대비 2022년에는 50% 가까이 증가할 예정이어서 분식회계 위기만 잘 넘긴다면 향후 좋은 수익이 기대되는 종목입니다. 지금까지 '초간단 재무제표 체크포인트'를 통한 기본적 분석으로 셀트리온헬스케어의 안정성, 성장성 등을 분석했습니다.

셀트리온헬스케어를 추천해 100% 이상 수익 낸 사례 집중 탐구

자료 3-45. 셀트리온헬스케어 차트(2020년 11월 4일 기준)

2020년 11월 2일은 셀트리온헬스케어가 2020년 6월 25일 112,400원을 고점으로 4개월간 하락해 고점 대비 약 30% 하락했다가 20일 이동평균선을 막 돌파하는 중이었습니다. 미국 44대 대통령 버락 오바마(Barack Obama)는 미국의 의료보험 시스템 개혁 법안으로, 2014년까지 미국 국민의 건강보험 가입을 의무화하는 것을 골자로 하는 오바마케어를 공약으로 내세워 2010년 의회를 통과했지만, 시행 방식을 놓고 공화당의 강력한 반발에 부딪혀 오바마케어 철폐를 주장하던 트럼프 공화당 대통령에 의해 흐지부지됐습니다. 그런데 46대 대통령 선거에서 민주당 후보인 바이든 대통령 당선이 유력해지면서 오바마케어가 부활할 것이 예상되면서 오리지널 약에 비해 상대적으로 30~40%

저렴한 바이오시밀러의 처방이 늘어날 것이 예상되면서 글로벌 공급을 책임지고 있는 셀트리온헬스케어의 향후 좋은 흐름이 기대되어 추천했습니다.

대표적인 바이오시밀러 약품인 램시마는 셀트리온이 개발 생산하고 있는 자가면역질환 치료제이며, 존슨앤존슨의 레미케이드를 복제한 바이오시밀러입니다. 레미케이드는 류머티즘 관절염, 강직성 척추염, 궤양성 대장염, 건선성 관절염, 크론병 치료제 등으로 사용되며, 2015년에만 약 99억 달러(한화 약 12조 원)가 팔린 약품으로, 램시마는 레미케이드와 효능과 효과는 같으면서 가격은 30~40% 저렴한 것이 특징입니다. 트룩시마는 비호지킨 림프종, 만성림프성 백혈병, 류머티즘 관절염, 다발성 혈관염이 있는 육아종증 및 현미경적 다발혈관염 환자 치료에 사용되는 항체 바이오시밀러 약품입니다.

트룩시마는 셀트리온이 혈액암 등의 치료에 쓰는 다국적 제약사 로슈의 맙테라(해외 판매명 리툭산) 바이오의약품을 복제한 것으로, 2017년 2월 유럽 의약품국의 승인을 받은 세계 최초의 리툭시맵 바이오시밀러 의약품입니다. 또한, 2018년 10월 10일 미국 식품의약국 FDA로부터 승인 권고 의견을 받아 판매되고 있습니다. 허쥬마는 다국적제약사 로슈가 개발한 유방암 치료제 '허셉틴'의 바이오시밀러로, 셀트리온이 개발 생산하고, 셀트리온헬스케어에서 글로벌 시장에 판매하고 있습니다. '허셉틴'은 2015년에만 세계 시장에서 68억 달러(한화 약 7조 7,000억 원)어치가 팔린 대형제품으로, 2018년 12월 14일에 미국 식품의약국 FDA로부터 허쥬마 판매 허가를 취득했습니다.

2021년 9월 15일자 〈매경ECONOMY〉 기사에 의약품 시장 조사기관 아이큐비아에 따르면, 램시마는 올 1분기 유럽에서 51.8%의 점유율을 기록했으며, 트룩시마 38.3%, 허쥬마 14.8% 역시 탄탄한 매출을 기록했습니다.

자료 3-46. 셀트리온헬스케어 추천 이후 급등한 차트(2021년 1월 29일 기준)

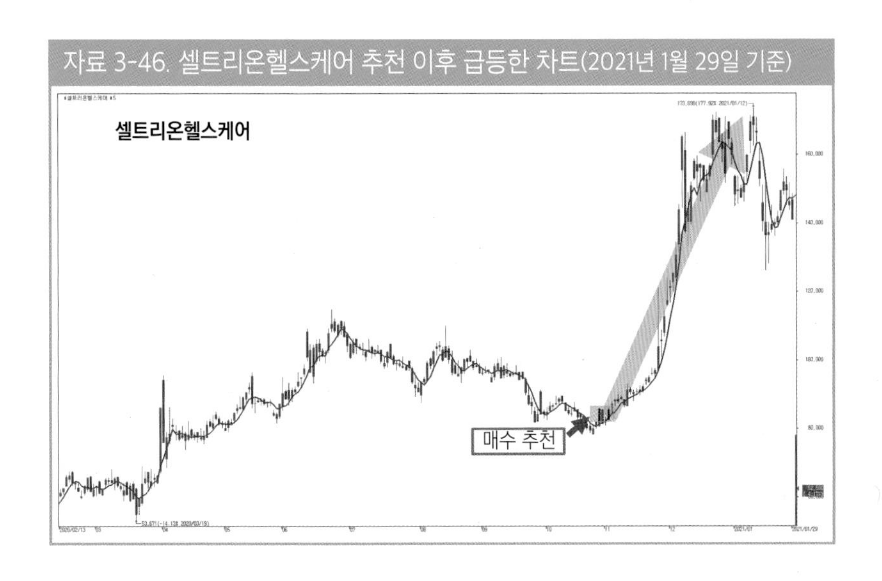

자료 3-46을 보면, 3월 코로나로 인해 글로벌 증시가 폭락할 때도 셀트리온헬스케어는 하락이 크지 않았고, 2020년 6월 25일 최고치를 기록한 후 4개월 동안 조정으로 고점 대비 약 30% 정도 하락했으며, 2020년 11월 2일경 연일 하락하면서 20일 이동평균선 아래에 있던 주가가 20일 이동평균선을 돌파 후 상승으로 전환하는 모습을 보였습니다. 램시마, 트룩시마, 허쥬마 매출이 급증하고 있고, 민주당 바이든 대통령 당선 가능성이 유력해 오바마케어 부활이 예상되며, 기술적 분석상 하락해 충분히 조정받은 주가가 최근 20일 이동평균선을 돌파해 강력하게 추천했고, 그 후 100% 이상 수익을 기록했습니다.

셀트리온헬스케어 사례에서 얻을 수 있는 교훈은 종목에 대해 업황과 경쟁력, 그리고 기업 실적을 충분히 분석하고, 시황을 통해 업황을 연계해 파악하며, 차트를 통해 매수 타이밍을 잡는 것이 중요하다는 것입니다.

6

일진머티리얼즈, 90% 이상 수익 낸 사례

일진머티리얼즈는 전기차 가격의 60%가량을 차지하는 배터리 생산에 있어 필요한 음극집전체에 사용되는 일렉포일(동박)을 제조 및 판매하는 세계적 기업입니다. 2020년 8월을 고점으로 충분히 가격 조정과 기간 조정을 받고, 20일 이동평균선을 이탈 후 플랫폼을 만들고 막 상승하기 직전에 추천해 크게 수익을 낸 종목입니다. 앞서 했던 대로 먼저 일진머티리얼즈를 '초간단 재무제표 체크포인트'를 통해 기본적 분석을 진행한 후, 추천 사유를 구체적으로 설명하겠습니다.

일진머티리얼즈 초간단 기본적 분석 - FnGuide 기준

자료 3-47. 일진머티리얼즈 시세 현황 - FnGuide

시세현황 [2022/01/28] 단위 : 원, 주,%

항목		값	항목		값
종가/ 전일대비		93,700/ -1,300	거래량		562,891
52주.최고가/ 최저가		139,500/ 62,300	거래대금	(억원)	519
수익률	(1M/ 3M/ 6M/ 1Y)	-27.92/ -9.03/ +15.39/ +35.01	외국인 보유비중		13.44
시가총액	(상장예정포함,억원)	43,206	베타	(1년)	0.84964
시가총액	(보통주,억원)	43,206	액면가		500
발행주식수	(보통주/ 우선주)	46,110,835/ 0	유동주식수/비율	(보통주)	21,411,361 / 46.43

일진머티리얼즈는 시가총액 4조 3,000억 원 규모의 중대형주입니다. 총발행 주식수는 보통주가 약 4,600만 주이고, 우선주는 없습니다. 발행 주식에서 시중에 유통되는 유동 주식 비율은 46.43%로서 많지도, 작지도 않은 적당한 수준입니다.

자료 3-48. 일진머티리얼즈 운용사별 보유 현황 - FnGuide

운용사별 보유 현황 [2021/09] 단위 : 천주, 억원, %

운용사명	보유수량	시가평가액	상장주식수내비중	운용사내비중
미래에셋자산운용	942.58	980.28	2.04	0.21
삼성자산운용	493.74	513.49	1.07	0.11
케이비자산운용	109.31	113.69	0.24	0.05
마이다스에셋자산운용	96.33	100.19	0.21	0.39
한국투자밸류자산운용	94.35	98.12	0.20	0.39
한국투자신탁운용	94.33	98.10	0.20	0.05
하나유비에스자산운용	76.89	79.96	0.17	0.06
우리자산운용	48.51	50.45	0.11	0.05
케이티비자산운용	36.82	38.29	0.08	0.08
교보악사자산운용	30.54	31.76	0.07	0.03

일진머티리얼즈는 이름만 대면 알 수 있는 자산운용사인 미래에셋자산운용, 삼성자산운용 등 10여 개사가 보유하고 있으니 안정된 기업입니다.

자료 3-49. 일진머티리얼즈 Business Summary - FnGuide

Business Summary [2022/01/27]

매출액 및 영업이익 증가

- 스마트폰, 텔레비젼 등 모든 IT 전자제품과 리튬이온2차전지용 음극집전체에 사용되는 일렉포일의 제조 및 판매 목적으로 1987년 8월 11일 설립됨. I2B제품이 리튬2차전지 음극집전체용 Elecfoil으로 사용되고 있으며, 전북 익산과 말레이시아에 위치한 공장을 통해 제품을 생산함. 국내/해외/특수박 모두 주요 거래처와는 직거래로 거래를 하고 있으며, 예외적으로 국내 소규모 PCB업체에 대해서는 국내대리점을 통해 판매함.
- 2021년 9월 전년동기 대비 연결기준 매출액은 25.6% 증가, 영업이익은 56.9% 증가, 당기순이익은 58.4% 증가. 매출원가, 판매비와 관리비, 인건비 등 비용이 늘었으나 매출증가폭이 이를 상회하며 영업이익이 증가하였음. 새로운 시장인 전기자동차, ESS 등 중대형 전지 시장의 성장에 따른 2차전지 업체의 Elecfoil 수요에 대응하기 위하여 I2B 공급능력을 단계적으로 확보하고 있음.

이번에는 'Business Summary'입니다. 일진머티리얼즈는 1987년 8월에 설립됐으며 스마트폰, TV 등 모든 IT 전자제품과 리튬이온 2차 전지용 음극집전체에 사용되는 일렉포일(동박)을 제조하고, 판매하는 기업입니다. I2B 제품이 리튬 2차 전지 음극집전체용 일렉포일(Elecfoil)로 사용되고 있으며, 전북 익산과 말레이시아에 있는 공장을 통해 제품을 생산하며, 국내외 모두 주요 거래처와 직거래하고 있습니다. 새로운 시장인 전기차, ESS 등 중대형 전지 시장의 성장에 따른 2차 전지 업체의 일렉포일 수요가 넘쳐 생산능력을 계속 확장하고 있습니다.

자료 3-50. 일진머티리얼즈 Financial Highlight - FnGuide

Financial Highlight [연결|전체] 단위 : 억원, %, 배, 천주 연결 별도 전체 연간 분기

IFRS(연결)	Annual				Net Quarter			
	2018/12	2019/12	2020/12	2021/12(E)	2021/03	2021/06	2021/09	2021/12(E)
매출액	5,020	5,502	5,369	7,106	1,380	1,711	1,986	1,991
영업이익	487	469	509	845	137	214	236	244
영업이익(발표기준)	487	469	509		137	214	236	
당기순이익	413	468	427	740	155	179	230	

다음은 'Financial Highlight'입니다. 일진머티리얼즈는 2018년 이후 매출액과 영업이익, 그리고 당기순이익이 매년 꾸준히 급증하고 있는 우량주입니다.

자료 3-51. 일진머티리얼즈 유동비율 - FnGuide

재무비율 [누적] 단위 : %, 억원

IFRS(연결)	2017/12	2018/12	2019/12	2020/12	2021/09
안정성비율					
유동비율	443.1	327.9	586.9	477.9	346.0
당좌비율	377.3	281.0	503.8	384.2	259.2

초간단 기본적 분석에서 가장 중요한 유동비율입니다. 일진머티리얼즈 유동비율은 346%, 당좌비율은 259.2%로 매우 양호합니다. 이 기업의 경우처럼 유동비율과 당좌비율이 매우 높다면, 현금흐름표를 봤을 때 기업 내 현금이 매우 많다고 유추할 수 있습니다. 기업 내에 현금은 인체에 비유하면 혈액입니다. 인체에 혈액이 부족하면 신체 곳곳에 산소와 영양소를 제대로 전달하지 못하듯이 기업에 현금이 부족하면 매우 어려워집니다. 따라서 유동비율과 당좌비율은 높을수록 기업 상태가 매우 양호한 것을 의미합니다.

자료 3-52. 일진머티리얼즈 컨센서스 - FnGuide

IFRS (연결) | 연간	2018/12	2019/12	2020/12	2021/12(E)	2022/12(E)	2023/12(E)
매출액	5,020	5,502	5,369	7,106	10,245	13,704
영업이익	487	469	509	845	1,379	2,069
당기순이익	413	468	427	740	1,126	1,702

기업의 성장성을 평가하는 주요항목으로 컨센서스가 있습니다. 각 증권사 애널리스트들이 해당 기업을 분석해 향후 매출액이나 영업이익을 추정해 발표한 것으로 모든 증권사의 보고서를 평균한 값을 제시한 것이 컨센서스입니다. 지금까지 일진머티리얼즈에 대해 '초간단 재무제표 체크포인트'를 통한 기본적 분석으로 안정성, 성장성 등을 분석했습니다.

일진머티리얼즈 추천해 60% 이상 수익 낸 사례 집중 탐구

일진머티리얼즈는 스마트폰, 자동차 등 2차 전지용 음극집전체에 사용되는 일렉포일(동박)을 제조 및 판매하는 기업으로 삼성SDI와 LG에너지솔루션이 주요 고객사입니다. 일진머티리얼즈는 1978년부터 일본이 독점하고 있던 동박 개발에 나서서 이제 세계 1위를 넘보고 있습니다. 일진머티리얼즈는 국내 최초로 1.5㎛(마이크로미터) 반도체용 초극박(Ultra Thin Copperfoil) 국산화에 성공했습니다. 일본의 미쯔이가 독점해왔던 것을 일진머티리얼즈가 세계 두 번째로 성공한 것입니다. 이것은 최근 가장 많이 쓰이는 전기차 배터리용 동박의 두께 4.5~10㎛보다 훨씬 얇은 것으로, 초극박은 극한의 제조 기술이 필요한 것을 해낸 것입니다. 최근에는 자체 개발한 2㎛ 초극박을 삼성전자에 공급하기 시작했습니다. 초극박의 두께는 머리카락의 1/50 수준으로 반도체 패키지용으로 사용되기도 합니다.

현재 일진머티리얼즈가 국내와 말레이시아 공장에서 생산하는 동박은 3공장까지 합쳐 40,000톤 규모입니다. 최근 일진머티리얼즈는 IMM테크놀로지 공장 증설을 위해 6,000억 원을 투합해 50,000톤을 증설한다고 합니다. 그렇게 되면 이번 투자로 IMM테크의 캐파가 기존 40,000톤에서 총 90,000톤으로 확충되는 셈입니다. 덧붙여 IMM테크는 이미 100,000톤까지 증설할 수 있는 부지를 확보하고 있어 2025년까지 최대 100,000톤으로 캐파를 늘릴 계획이라고 합니다. 당초 미국 법인 IMA테크를 설립한 뒤 내부적으로 캐파 20,000톤에서 시작한다는 계획이었습니다. 일진머티리얼즈는 장기적으로 IMG테크의 총캐파를 2027년까지 200,000톤을 확충할 그림을 그리는 것으로 알려졌습니다.

말레이시아에 이어 두 번째 해외 공장은 헝가리에 들어서는데, 헝가리 수도 부다페스트 인근 괴돌레에 부지 20,000평을 확보했으며, 삼성SDI 괴드 공장과 약 20km 거리에 있어 접근성이 좋습니다. 폴란드의 LG에너지 솔루션과 헝가리의 SK이노베이션, 스웨덴의 노스볼트 등 대형 고객사가 근처에 다수 포진되어 있어 매출 성장 가능성이 매우 큽니다.

자료 3-53. 일진머티리얼즈 차트(2020년 12월 10일 기준)

2020년 3월, 코로나19로 인한 급락 이후 코로나19 이전 수준까지 상승했으나, LG화학, 삼성SDI, 엘앤에프, 에코프로 등 다른 2차 전지 관련 주들에 급등한 것보다 상승 폭이 낮고, 그나마 8월 7일 고점 이후 20일 이동평균선을 이탈해 하락했으며, 최근 20일 이동평균선을 상향 돌파한 후 눌림 중에 있어 추가 상승 가능성이 매우 큰 매수 포인트였습니다.

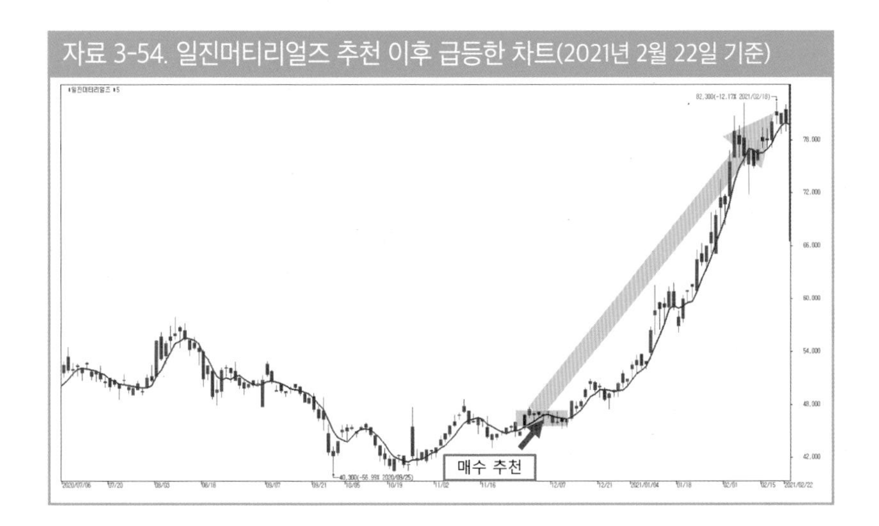

자료 3-54. 일진머티리얼즈 추천 이후 급등한 차트(2021년 2월 22일 기준)

일진머티리얼즈는 추천 이후부터 꾸준히 상승해 60% 이상 수익을 주었습니다.

종목을 발굴해 매수하기 전에 반드시 짚어야 할 주요 포인트를 요약하면 다음과 같습니다.

첫째, 업종이 사양 산업이 아닌지를 봅니다. 일진머티리얼즈는 전기차 산업에서 가장 중요한 배터리에 꼭 필요한 동박을 생산하는 세계적 기업이므로 성장 산업에 속합니다.

둘째, 적자기업이 아닌지를 봅니다. 아무리 좋은 성장 산업에 속하는 업종이라도 지속적인 적자기업이라면 견디지 못하고 망할 수 있거나 관리종목 또는 상장폐지 가능성도 있으니 일단 피해야 합니다. 이런 면에서 일진머티리얼즈는 꾸준히 수익이 나는 흑자기업입니다.

셋째, 유상증자 등 현금흐름에 문제가 없는지를 봅니다. 현금흐름에 문제가 있을 경우 유상증자 위험 등 리스크가 있을 수 있는데, 유동비율이 360%가 넘어 현금이 풍부한 상태였습니다.

넷째, 매출액, 영업이익 등이 향후 몇 년간 얼마나 상승할 것인지를 봅니다. 각 증권사 리포트 평균인 컨센서스에 의하면, 일진머티리얼즈는 2021년뿐만 아니라, 2022년과 2023년까지 매출액과 영업이익이 크게 증가할 기업입니다.

다섯째, 신규 투자는 하고 있는지를 봅니다. 일진머티리얼즈는 말레이시아 공장 진출에 이어 헝가리에도 법인을 설립하는 등 공장 설립을 추진하는 것으로 알려졌습니다. 이러한 과정들을 반드시 체크하고 추후 상승 가능성이 클 때 매수합니다.

저는 이것들을 거창한 분석 기법 등을 이용하지 않고도 간단하게 확인하는 방법을 전작 《어이, 김과장! 주식 투자 이젠 배워서 하자!》의 '초간단 재무제표 체크포인트'에서 상세히 설명했으니 참조하시기 바랍니다.

7

SK아이이테크놀로지, 신규 상장 종목 60% 이상 수익 낸 사례

전기차용 배터리를 제조 판매하는 SK아이이테크놀로지를 신규 상장한 지 불과 며칠 만에 매수해 단기간 60% 이상의 수익을 냈습니다. 상장한 지 얼마 되지 않은 종목의 경우 외국인과 기관의 청약 물량 매도가 한동안 이어지는 경우가 많아 신규 상장 종목 투자는 가급적 하지 않는 것을 원칙으로 하는데, 이 종목은 신규 상장 종목인데도 불구하고 왜 공략했는지 공부하는 것이 앞으로 투자에 크게 도움이 될 것으로 생각됩니다. 그럼 하던 대로 '초간단 재무제표 체크포인트'를 이용해 기본적 분석을 한 후, 왜 2021년 6월에 제가 이 종목을 추천했는지, 그리고 얼마나 수익을 냈는지 설명하겠습니다.

SK아이이테크놀로지 초간단 기본적 분석 - FnGuide 기준

자료 3-55. SK아이이테크놀로지 시세 현황 - FnGuide

시세현황 [2022/01/28] 단위 : 원, 주,%

항목		값	항목		값
종가/ 전일대비		115,000/ -12,000	거래량		1,839,916
52주.최고가/ 최저가		235,500/ 115,000	거래대금	(억원)	2,118
수익률	(1M/ 3M/ 6M/ 1Y)	-30.72/ -34.66/ -49.89/ -	외국인 보유비중		10.51
시가총액	(상장예정포함,억원)	81,992	베타	(1년)	1.22935
시가총액	(보통주,억원)	81,992	액면가		1,000
발행주식수	(보통주/ 우선주)	71,297,592/ 0	유동주식수/비율	(보통주)	27,664,160 / 38.80

SK아이이테크놀로지는 시가총액 8조 2,000억 원 규모의 초대형주입니다. 총발행 주식수는 보통주 약 7,100만 주이고, 우선주는 없습니다. 발행 주식에서 시중에 유통되는 유동 주식 비율은 38.80%로서 매우 적은 편입니다.

자료 3-56. SK아이이테크놀로지 운용사별 보유 현황 - FnGuide

운용사별 보유 현황 [2021/09] 단위 : 천주, 억원, %

운용사명	보유수량	시가평가액	상장주식수내비중	운용사내비중
미래에셋자산운용	566.74	1,280.82	0.79	0.27
삼성자산운용	456.36	1,031.37	0.64	0.21
에셋원자산운용	125.29	283.16	0.18	1.76
트러스톤자산운용	81.19	183.49	0.11	2.07
하나유비에스자산운용	77.60	175.37	0.11	0.14
마이다스에셋자산운용	64.19	145.07	0.09	0.57
케이비자산운용	55.39	125.18	0.08	0.05
한국투자밸류자산운용	24.00	54.24	0.03	0.22
삼성액티브자산운용	23.11	52.24	0.03	0.87
엔에이치아문디자산운용	23.07	52.14	0.03	0.04

'초간단 기본적 분석' 두 번째는 운용사별 보유 현황입니다. SK아이이테크놀로지는 이름만 대면 알 수 있는 자산운용사인 미래에셋자산운용, 삼성자산운용 등 10여 개 사가 보유하고 있으니 안정된 기업입니다.

자료 3-57. SK아이이테크놀로지 Business Summary 현황 - FnGuide

Business Summary [2022/01/27]

배터리 산업에서 경쟁력 확보

- 동사는 LiBS(Lithium-ion Battery Separator) 제조 및 판매를 주요 사업으로 영위함. 세계 최초의 5㎛ 박막 제품 개발 및 양면 동시 코팅 상업화 등 경쟁사 대비 우위의 기술력을 바탕으로 Global LiBS 시장을 선도함. 동사의 신규사업 중 FCW(Flexible Cover Window)는 Flexible Display에 사용되는 신소재임.
- 2021년 9월 전년동기 대비 연결기준 매출액은 33.6% 증가, 영업이익은 19.1% 증가, 당기순이익은 41.7% 증가. 배터리 산업을 주도하는 상위 업체들과의 협력을 강화하고 있으며, 이를 바탕으로 2021년 3분기 누적 기준으로 4,465억원의 매출을 시현함. 전기차 배터리 산업의 최대 성장 시장에서의 입지 공고화를 위해 중국 및 폴란드에 LiBS 생산라인을 증설중임.

이번에는 'Business Summary'입니다. 2021년 5월 11일에 상장한 SK아이이테크놀로지는 2차 전지 배터리 관련 주로, 리튬이온배터리 분리막(LiBS : Lithium-ion Battery Separator)을 제조, 판매하는 것을 주요 사업으로 영위하는 기업입니다. 세계 최초 5㎛ 박막 제품 개발 및 양면 동시 코팅 상업화 등 경쟁사 대비 우위의 기술력을 바탕으로 글로벌 리튬이온분리막(LiBS) 시장을 선도하고 있습니다. 전기차 배터리 산업의 최대 성장 시장에서 입지를 공고히 하기 위해 중국 및 폴란드에 리튬이온분리막(LiBS) 공장에 생산 라인을 증설 중에 있습니다.

자료 3-58. SK아이이테크놀로지 Financial Highlight - FnGuide

Financial Highlight [연결|전체] 단위 : 억원, %, 배, 천주 연결 별도 전체 연간 분기

IFRS(연결)	Annual				Net Quarter			
	2018/12	2019/12	2020/12	2021/12(P)	2021/03	2021/06	2021/09	2021/12(P)
매출액		2,630	4,693	5,999		1,552	1,521	1,534
영업이익		806	1,252	894		444	417	-290
영업이익(발표기준)		806	1,252	894		444	417	-290
당기순이익		637	882	955		421	361	-87

다음으로 'Financial Highlight'로 넘어가 보면, SK아이이테크놀로지는 상장 전인 2020년 이전 실적에 비하면, 상장 후 2021년의 실적은 다소 감소한 것을 확인할 수 있으나, 크게 신경 쓸 정도는 아닙니다.

자료 3-59. SK아이이테크놀로지 유동비율 - FnGuide

재무비율 [누적]　　　단위 : %, 억원

IFRS(연결)	2017/12	2018/12	2019/12	2020/12	2021/09
안정성비율					
유동비율			512.3	207.9	614.9
당좌비율			421.5	192.8	572.9

다음은 유동비율입니다. SK아이이테크놀로지 유동비율은 614.9%, 당좌비율은 572.9%로 두 비율 모두 100%가 넘습니다. 부채는 적고, 그에 비해 현금성 자산이 매우 많은 기업인 것을 알 수 있습니다.

자료 3-60. SK아이이테크놀로지 컨센서스 - FnGuide

IFRS (연결) | 연간	2018/12	2019/12	2020/12	2021/12(P)	2022/12(E)	2023/12(E)
매출액	0	2,630	4,693	5,999	8,859	12,859
영업이익	0	806	1,252	894	2,215	3,459
당기순이익	0	637	882	955	1,740	2,644

SK아이이테크놀로지는 신규 상장주로서 상장 전에 비해 2021년 실적은 다소 부진했지만, 2022년과 2023년에는 매출액, 영업이익 그리고 당기순이익까지 급증할 것으로 예상됩니다. 지금까지 SK아이이테크놀로지에 대해 '초간단 재무제표 체크포인트'를 통한 기본적 분석으로 안정성, 성장성 등을 분석했습니다.

SK아이이테크놀로지를 추천해 60% 이상 수익 낸 사례 집중 탐구

SK아이이테크놀로지는 SK이노베이션이 대주주로서 2021년 5월 11일에 신규 상장했습니다. 이 기업은 리튬이온배터리분리막 제조 판매를 주요 사업으로 하고 있습니다. 그동안 10년 이상 분리막 제조 경험을 바탕으로 전 세계 다양한 배터리 업체 고객들의 고품질 수요를 충족시키는 경쟁력 있는 기업이었습니다. 따라서 상장 전부터 많은 사람들의 관심을 받던 종목이었습니다.

기관들의 청약 경쟁률은 1,882대 1이었습니다. 이전에 상장한 SK바이오사이언스는 기관 청약 경쟁률이 1,275대 1로서 SK아이이테크놀로지보다 훨씬 낮았는데, 상장 첫날 상한가를 기록했으니 SK아이이테크놀로지 상장에 기관들과 개인 투자자들의 관심이 집중됐습니다. 희망공모가 밴드 최상단 105,000원으로 공모가가 확정됐습니다. 이렇게 되면 상장일 시가는 확정 공모가 대비 최고 100%인 210,000원부터 시작할 수 있으며, 상장 당일 시가 대비 30% 상한가까지 상승할 수 있습니다.

하지만 저는 신규 상장 종목 청약은 선호하지 않습니다. 그 이유는 신규 상장 시 기관 경쟁률이 높은 종목은 동원된 자금 대비 청약받은 주식수가 현저히 적어 상장일에 혹시 상한가를 가서 수익률이 높더라도 배정받은 주식수가 적어 노력 대비 수익금액이 적은 경우가 대부분이기 때문입니다. 혹시 경쟁률이 낮아 배정받은 주식수가 많을 경우에도 상장일에 공모가를 밑돌아 손실을 볼 리스크도 있어 신규 청약은 하지 않습니다.

SK아이이테크놀로지는 2021년 5월 11일 상장일, 예상대로 확정 공모가 대비 100% 상승한 210,000원에 시작해 기관 청약 물량 중 보호예수가 걸려 있지 않은 물량들이 쏟아지면서 거의 하한가에 가까운 −27%로 마감했으며, 그 후 수일간 더 하락했습니다. SK아이이테크놀로지는 전기차 배터리 분리막 분야에서 독보적인 기술력의 기업으로 앞으로 성장 가능성이 매우 큰 종목이었기에 지속해서 추적 관찰하고 있었는데, 계속 관찰하던 중 이상한 흐름을 포착했습니다.

자료 3-61. SK아이이테크놀로지 종목별 매매 동향

[0416] 종목별 일별동향

종목별 매매동향 | 종목별 일별동향 | 종목별 누적순매수 | 순매수 평균단가 추이 | 평균단가 분석 | 누적순매매 상위 | 투자주체 순매수비교

SK아이이테크놀로지 KOSPI200 ⊙금액 백만원 ○수량 주 기준일 2021-10-11 엑셀 유의사항 조회 다음

현재가 202,000 ▲ 3,000 (1.51 %)
거래량(전일) 244,003 (498,543)

SK아이이 | CJ ENM | 코오롱인 | 두산중공 | 유진테크
현대제철 | 삼성전자 | 삼성SDI | 리드코프 | 중앙에너

일별동향 | 그래프 ○매도 ○매수 ⊙순매수 ☑수정주가 □외국인(등록/비등록)표시

일자	종가	전일대비	거래량	외국인	개인	기관종합	기관								기타
							금융투자	투신(일반)	투신(사모)	은행	보험	기타금융	연기금등	국가지방	
2021/06/08	143,000		243,816	-265	-437	767	-733	48			535		917		-66
2021/06/07	143,000	▼ 4,500	469,107	-12,168	12,149	-150	-172	-206	137		-250		341		168
2021/06/04	147,500	▼ 2,000	276,515	-6,245	-1,546	7,411	-330	-222			10		7,953		380
2021/06/03	149,500		294,278	3,109	-7,350	4,392	-391	611	-754		94	25	4,808		-151
2021/06/02	149,500	▼ 500	397,954	11,273	-14,836	3,433	-387	224	-821	-87	-31		4,536		130
2021/06/01	150,000	▲ 1,000	497,546	16,530	-17,448	786	-1,204	517	42		461		969		132
2021/05/31	149,000	▲ 4,000	628,140	15,371	-22,308	5,265	154	393	30		232		4,456		1,672
2021/05/28	145,000	▲ 3,000	716,415	1,880	-14,410	12,391	860	693	644		1,058	-49	9,184		140
2021/05/27	142,000	▲ 500	298,994	122	-1,669	1,288	122	110	827		243	-14			259
2021/05/26	141,500	▼ 500	298,091	-4,911	1,379	3,417	-103	231	840		336		2,113		115
2021/05/25	142,000	▼ 500	300,026	-102	-2,255	2,638	272	356	11		481		1,519		-281
2021/05/24	142,500	▼ 1,000	368,061	2,292	-7,445	5,105	-555	1,345	48		392		3,875		48
2021/05/21	143,500	▲ 1,500	468,288	-2,185	-3,133	7,400	657	229	-357		155		6,716		-2,081
2021/05/20	142,000	▼ 2,000	585,820	-4,764	3,172	1,204	531	27	543		38		65		388
2021/05/18	144,000	▲ 6,000	1,474,901	14,368	-16,526	2,921	482	739	-265		1,109		856		-763
2021/05/17	138,000	▼ 3,000	931,047	-5,586	4,209	1,580	-143	417	-51		161	33	1,161		-203
2021/05/14	141,000	▼ 3,000	1,510,892	-21,070	22,502	165	-78	526	-592		26		282		-1,597
2021/05/13	144,000	▼ 3,500	1,853,703	-2,818	-2,771	5,177	157	169	970		261	-45	3,665		413
2021/05/12	147,500	▼ 7,000	4,973,674	-81,571	77,123	5,121	298	-189	709	31	930	-144	3,485		-673
2021/05/11	154,500	▼ 55,500	11,320,278	-360,530	352,515	14,623	-6,997	3,722	-6,905	-146	1,098	-2,289	26,141		-6,609

자료 3-61에서 보는 것과 같이 상장일 이후 기관 투자자들이 단 하루도 빠지지 않고 순매수 중이었던 것입니다. 특히 연기금이 매일 대량 순매수 중이었습니다.

자료 3-62. SK아이이테크놀로지 추천 이후 급등한 차트(2021년 7월 30일 기준)

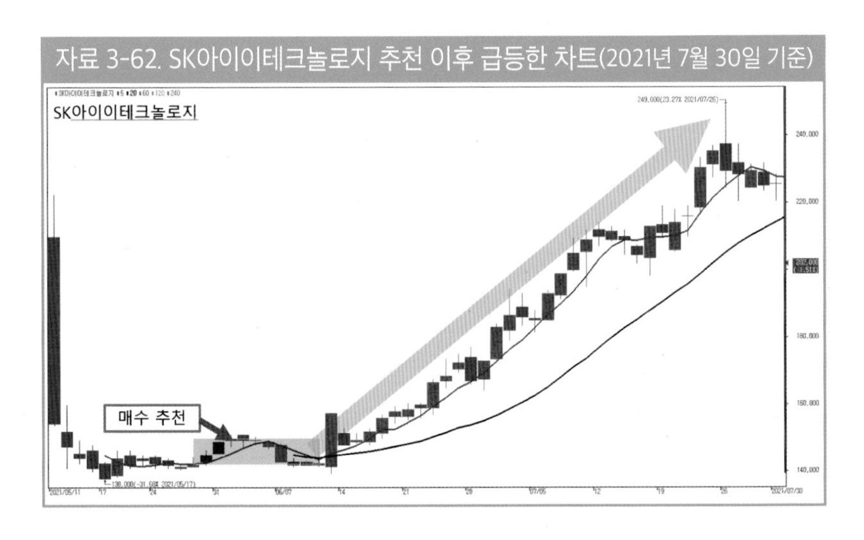

이런 경우 알려지진 않았지만, 강한 상승 재료가 준비되어 있을 가능성이 매우 큽니다. 또한, 전작《어이, 김과장! 주식 투자 이젠 배워서 하자!》의 '원샷 원킬 추가매수 기법'에 딱 맞는 매수 포인트가 나와서 그 후 강력하게 추천했습니다. 이런 경우 손절가는 직전 저점으로 명확하므로 예상과 다를 경우 짧게 손절하고, 상승할 경우 예상보다 큰 수익을 줄 수 있는 매수 포인트였습니다. 그 후로 SK아이이테크놀로지는 60% 이상 상승했습니다.

신규 상장한 지 1년 이내 기업에 대해 매수를 고려할 때 주요 매수 포인트인 의무 보유 확약과 의무 보유 확약에 해당하지 않는 물량 크기를 확인하는 것이 중요합니다. 그리고 신규 상장 종목에 대해는 일반 종목을 발굴할 때 중요하게 체크했던 매수 포인트인

첫째, 성장 산업에 해당하는가?
둘째, 적자기업이 아닌가?
셋째, 유동비율 등 유상증자 가능성은 없는가?
넷째, 매출액, 영업이익 등 실적이 향후 몇 년간 얼마나 상승할 것인가?

에 해당하는지에 대한 여부는 확인할 필요가 없습니다.

신규 상장 종목의 경우 앞의 주요 매수 포인트를 기본적으로 충족해야 상장할 수 있습니다.

8

/

테슬라, 400달러대 추천해 200% 수익 낸 사례

테슬라 기업에 대한 설립 초기부터 성장 과정, 그리고 향후 산업과 이 기업의 성장 가능성 등에 대한 상세한 내용은 '미래를 주도할 산업을 찾아라!(부제 : 10배 상승할 종목 발굴)'에서 상세히 다루었습니다. 이곳에서는 추천 당시 테슬라 업황과 시황에 대해 중점적으로 설명하겠습니다.

2021년 8월경 테슬라가 S&P500 지수 편입 기대감에 계속 상승하고 있어 관심을 가지던 중에 2021년 9월 6일에 S&P500 지수 편입에 실패했다는 뉴스가 있었고, 그 소식 후 첫 거래일인 9월 8일에 무려 21%나 급락했습니다. 이 소식에 다음 날 강의 시간에 수강생들에게 바로 테슬라 매수를 강력하게 추천했습니다. 계속 주시하고 있었지만, 계속 상승해 추격 매수하지 않고 매수 타이밍을 노리던 차에 S&P500 지수 편입에 실패해 급락한 것을 보고, 절호의 매수 찬스라고 생각했습니다. 이번이 아니라도 S&P500 지수 편입은 언젠가는 될 것이며, 향후 세상은 전기차로 뒤덮일 것이 확실하기 때문입니다. S&P500은 미국 신용평가업체인 S&P가 기업 규모, 유동성, 산업 대표성을 감안하면, 500개 기업을 선정해 발표하는 주가지수로서 이 지수에 편입됐다는 것은 시장으로부터 우량 기업임을 공식적으로 인정받았다는 의미가 됩니다. 이때 테슬라가 지수에 편입되지 않은 이유에 대해 뚜렷한 설명을 하지 않았으나 월가는 테슬라의 영업이익이 자동차 매출 부문에서 나오지 않았다는 점을 지수 편입 실패의 주요 요인으로 추정했으며, 상반기 영업이익 4억 8,300만 달러가 정부로부터 받은 탄소 배출 크레딧을 다른 자동차 회사에 판매해 거두어들인 것에 불과하다는 것이었습니다. 하지만 저는 이런 이유는 4분기에 충분히 해결될 것으로 예상했습니다.

2020년 7월, 기가팩토리 상하이에서 14,041대의 모델3을 생산, 판매했습니다. 2020년 말까지 중국에서만 10만 대 이상의 전기차를 판매할 것으로 예상됐고, 이는 지난해인 2019년 전 세계에서 판매한 36만 7,500대의 약 30%에 해당하는 것으로, 2020년 판매 대수는 급증할 것으로 예상됐습니다. 또한 테슬라는 당시 중국 상하이 공장에서 생산한 소형 전기차 '모델3'을 유럽에 수출하기 시작했고, 미국 공장에선 보급형 스포츠 유틸리티차(SUV) '모델Y' 생산에 주력하고 있어 지역 공장별 분업이 이루어지고 있다고 알려졌습니다.

당시 건설 중이었던 독일 기가팩토리는 유럽에서 테슬라의 첫 번째 생산기지이자 전 세계적으로는 네 번째 생산기지입니다. 연간 생산량 50만 대를 예상하고 있으니 테슬라는 앞으로 매출액이 지속해서 성장할 것이 확실했습니다. 그래서 저는 확신하고 강력하게 테슬라 매수를 외쳤습니다.

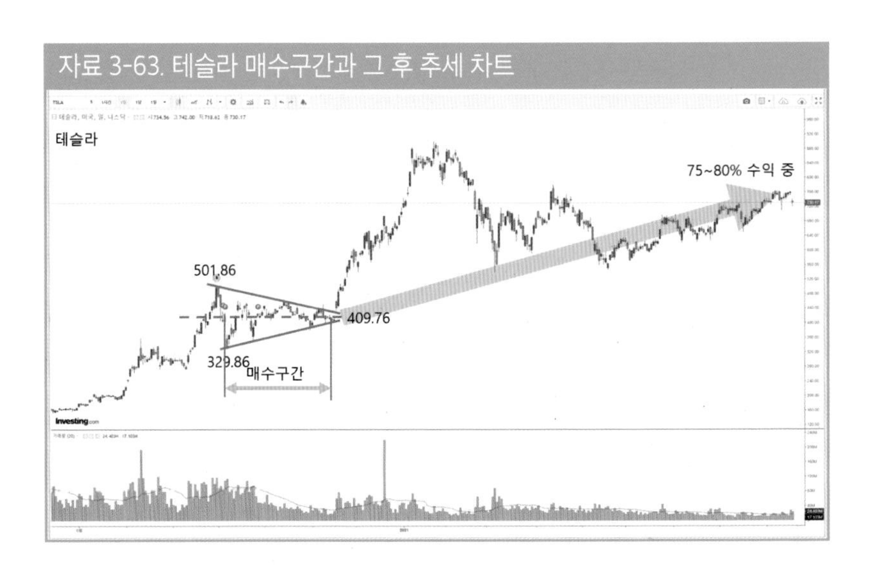

자료 3-63. 테슬라 매수구간과 그 후 추세 차트

그 후 9월부터 11월까지 약 2개월 동안 테슬라의 성장 가능성과 향후 전망을 상세하게 분석했습니다. 9월에 탈락했던 S&P500 편입 재심사에서 편입 성공 가능성은 그 어느 때보다 높았습니다.

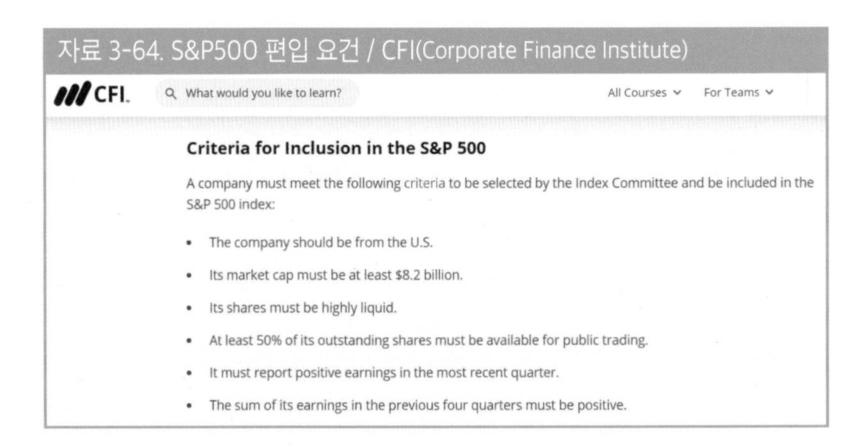
자료 3-64. S&P500 편입 요건 / CFI(Corporate Finance Institute)

CFI. What would you like to learn? All Courses For Teams

Criteria for Inclusion in the S&P 500

A company must meet the following criteria to be selected by the Index Committee and be included in the S&P 500 index:

- The company should be from the U.S.
- Its market cap must be at least $8.2 billion.
- Its shares must be highly liquid.
- At least 50% of its outstanding shares must be available for public trading.
- It must report positive earnings in the most recent quarter.
- The sum of its earnings in the previous four quarters must be positive.

S&P500 지수에 편입되기 위해서는 다음과 같은 조건을 충족해야 합니다.

첫째, 본사가 미국에 있는 기업일 것.

둘째, 시가총액은 적어도 82억 달러(약 9조 원) 이상일 것.

셋째, 주식 거래는 유동성이 매우 높을 것.

넷째, 발행 주식의 50% 이상이 시장에서 누구나 쉽게 거래가 가능할 것.

다섯째, 최근 분기 실적이 긍정적일 것.

여섯째, 직전 4분기 이상 연속 흑자일 것.

테슬라가 S&P500 지수에 포함되면, 지수를 추적하는 ETF와 패시브 펀드는 반드시 테슬라 주식을 편입해야 합니다. S&P Dow Jones에 따르면, S&P500을 추적하는 펀드 관리 자산은 4.4조 달러(한화 약 4,500조 원) 이상입니다. 이 자금들이 일시에 테슬라를 포트폴리오에 편입해야 하니 단기간에 급등할 수밖에 없습니다. 1999년에 시가총액 560억 달러의 야후는 S&P500 지수 편입 후 5일 동안 64% 상승했습니다. 이후 테슬라는 예상대로 2020년 11월 17일에 S&P500 지수에 편입된다는 발표가 있었고, 그 후부터 2021년 1월 8일까지 종가기준 880달러까지 급등하면서 100% 이상 상승했습니다.

2030년 이후 현대차를 비롯한 대부분 자동차 회사들이 내연기관 차량의 생산을 중단할 것이라 밝히고 있습니다. 또한, 현재 전기차의 유일한 단점은 비싼 배터리 가격 탓에 내연기관 차량에 비해 차량 가격이 비싸다는 것입니다. 그런데 테슬라 및 폭스바겐 등 전기차 생산 업체들이 자체적으로 배터리를 생산하겠다며, 배터리 내재화를 선언하면서 배터리 가격 인하에 박차를 가하고 있습니다. 2025년 이후엔 배터리 가격 인하로 전기차 가격이 각종 보조금 없이도 내연기관 차량보다 싸질 전망입니다. 그렇게 되면 내연기관 차량이 비해 유지비가 1/10

정도 밖에 들지 않는 전기차의 경쟁력으로 전 세계 도로는 전기차로 뒤덮일 것이 확실합니다. 다소 지루한 배터리 충전 시간은 레스토랑, 쇼핑센터 등과 함께 복합적인 형태로 손쉽게 해결될 것이며, 1회 충전 후 주행거리는 400~500km 이상으로, 이미 내연기관 1회 주유 후 주행거리에 맞먹고 있습니다. 따라서 향후 2030년경에는 도로에 달리는 차량 절반 이상은 전기차가 될 것입니다. 2030년 테슬라 주가는 최저의 경우 2,000달러, 최대 6,000달러까지 시장에서 예상하고 있습니다.

2030년까지 보유할 것을 권장해 수강생 대부분 보유 중이며, 현재 약 75~80% 수익 중입니다. 그 후 테슬라 주가는 2021년 11월, 1,240달러를 돌파하며 200% 이상 수익을 냈습니다.

9

엔비디아, 120달러대 추천해 150% 이상 수익 낸 사례

엔비디아 기업에 대한 설립 초기부터 성장 과정, 그리고 향후 산업과 이 기업의 성장 가능성 등에 대한 상세한 내용은 '미래를 주도할 산업을 찾아라!(부제 : 10배 상승할 종목 발굴)'에서 상세히 다루었습니다. 이곳에서는 추천 당시 엔비디아의 업황과 시황, 그리고 경쟁력에 대해 중점적으로 설명하겠습니다.

2020년 1월 초부터 확산되기 시작한 코로나19로 인해 전 세계가 일시에 셧다운되면서 인류의 삶에 엄청난 변화가 일어났습니다. 대형 마트에서 물건을 만져보면서 쇼핑하던 것이 코로나19로 인해 대부분 인터넷 쇼핑으로 전환됐습니다. 가장 대표적인 것이 전날 구매하면 다음 날 새벽 배송해주는 쿠팡의 급성장입니다. 사람이 많이 모이는 식당에 코로나19로 인해 가지 못하게 되면서 음식을 배달시켜 먹게 되면서 '배달의 민족'이나 '요기요'처럼 배달 앱이 급성장했습니다. 매일 아침에 일어나서 직장으로 꾸역꾸역 출근하던 일상도 집에서 일어나 근무

하는 재택근무로 바뀌었습니다. 얼굴을 맞대고 난상 토론하던 대면 회의는 '줌'으로 하는 화상회의로 대체됐고, 학생들 등교 수업도 '줌'으로 하는 화상수업으로 바뀌었습니다. 특히 어린아이들이 놀이터나 학교, 학원 등에서 만나 놀던 것이 불가능해지며, 사이버 세상에서 만나 놀게 되는 게임이 급격히 인기를 끌었습니다.

2004년에 만들어져 미국 10대들 사이에서 인기를 끌던 로블록스는 1년 전에 비해 사용자가 급증하면서 2021년에는 시가총액 52조 원짜리 어린이 놀이터가 됐습니다. 이 로블록스 상장 소식이 들려오던 2021년 1월부터 그전에 심심찮게 언급되던 메타버스에 세상은 열광하게 됐습니다. 메타버스는 현실 세계와 같은 사회, 경제, 문화 활동이 이루어지는 3차원 가상 세계를 일컫는 말로, 1992년 미국 SF작가 닐 스티븐슨(Neal Stephenson)의 소설 《스노 크래시》에 처음 등장한 개념입니다. 인간들은 메타버스라는 가상 세계에 출근해 업무를 보고, 그곳에서 벌어들인 수익을 현실 세계로 가져올 수 있게 됐습니다. 메타버스는 초고속, 초저지연의 5G통신 상용화와 2020년 전 세계를 강타한 코로나19 팬데믹 상황에서 가상 현실(VR), 증강 현실(AR), 혼합 현실(MR) 등을 구현할 수 있는 기술이 발전하면서 본격화되고 있습니다.

이때 저는 이 모든 것을 할 수 있게 하기 위해 꼭 필요한 그래픽 카드를 만드는 '엔비디아'란 기업을 집중 분석해 향후 애플을 능가할 가능성이 가장 큰 종목이라며, 수강생들에게 2021년 1월부터 강하게 추천했습니다. 엔비디아는 2020년 9월 2일, 147달러를 고점으로 약 5개월간 상승 지속형 패턴인 상승이등변삼각형을 만들었습니다. 이런 가운데 저는 엔비디아에 대해 아주 자세히 분석해 매수 이유를 수강생들에게 상세히 설명하면서 2021년 2월 1일부터 매수하라고 했습니다.

자료 3-65. 엔비디아 매수 구간과 그 후 추세 차트

엔비디아는 대만계 미국인 젠슨황(黃仁勳)이 1993년 1월에 캘리포니아에서 사업을 시작했으며, 리바 계열 그래픽 칩셋을 만들면서 알려지기 시작했습니다. 1999년 나스닥에 상장했고, 2000년에 부두 시리즈로 알려진 3dfx사를 인수하면서 그래픽 카드 분야에서 세계적인 기업으로 두각을 나타내기 시작했습니다. 엔비디아 주 제품인 지포스 시리즈는 1999년 지포스256으로 시작했으며, 현재 지포스 시리즈는 데스크탑, 지포스 Go 시리즈는 노트북용으로 전 세계에서 사용되고 있습니다.

2016년 8월 기준으로 자율주행차 전용 반도체를 공개했고, 인공지능기술과 관련된 사업 영역으로 점점 확대하고 있습니다. 최근 반도체 전기회로 설계를 주목적으로 하는 ARM을 인수하려 하고 있으나 영국뿐만 아니라 애플, 테슬라, 그리고 삼성전자 등도 반대하고 있어 난항을 겪고 있습니다. 2021년 9월 21일 기준, 시가총액 5,466억 달러(한화 약 601조 2,600억 원)로 미국 상장사 시가총액 11위의 초대형 기업입니다.

자료 3-66. 미국 증시 상장기업 시가총액 순위(2021년 9월 21일 기준)

미국 증시 상장기업 시가총액 순위(21.9.21 현재)

Screener Results (13002)

Download Results　Add to Watchlis

Overview | Fundamental | Technical | Performance | Candlestick Patterns

	Name	Symbol	Exchange	Last	Chg. %	Market Cap	Vol.
	Ameritrust Corp	ATCC	OTC Markets	0.55	-8.33	4.34T	471.00
1위	Apple	AAPL	NASDAQ	142.94	-2.14	2.41T	122.69M
	Microsoft	MSFT	NASDAQ	294.30	-1.86	2.25T	37.61M
	Alphabet A	GOOGL	NASDAQ	2.77K	-1.48	1.88T	2.22M
	Alphabet C	GOOG	NASDAQ	2.78K	-1.73	1.88T	1.73M
	Amazon.com	AMZN	NASDAQ	3.36K	-3.08	1.75T	4.49M
	Facebook	FB	NASDAQ	355.70	-2.47	1.03T	19.54M
	Tesla	TSLA	NASDAQ	730.17	-3.86	751.91B	24.38M
	Berkshire Hathaway A	BRKa	NYSE	416.00K	-0.10	626.42B	1.78K
	Berkshire Hathaway B	BRKb	NYSE	274.20	-0.93	626.42B	7.17M
	Taiwan Semiconductor	TSM	NYSE	114.70	-2.59	559.15B	8.70M
	Tencent Holdings	TCTZF	OTC Markets	56.80	-2.34	555.70B	23.80K
	Tencent ADR	TCEHY	OTC Markets	56.71	-3.72	555.70B	6.02M
11위	NVIDIA	NVDA	NASDAQ	211.13	-3.59	546.62B	34.44M
	Visa A	V	NYSE	220.05	-0.77	471.62B	8.63M
	JPMorgan	JPM	NYSE	152.96	-2.99	471.17B	15.73M
	JPMorgan Chase Pref EE	JPM_pc	NYSE	27.95	-0.29	471.17B	52.90K

※ 순위는 OTC Markets 제외

출처 : Investing.com

메타버스의 가상 세계가 점점 더 커지고, 게임뿐만 아니라 사업 분야에서 가상 현실, 증강 현실 시장 규모가 점점 커지면서 10년 후에는 애플을 능가할 가능성도 있다고 강조했습니다. 그 후 엔비디아는 2021년 5월부터 꾸준히 상승해 2021년 11월 22일 기준 340달러로 추천가 대비 약 200% 이상 수익을 주었습니다.

이 종목을 추천한 이유를 요약하면 다음과 같습니다.

첫째, 코로나19로 인해 본격화된 메타버스 시장은 앞으로 세상을 바꿀 것이다.

둘째, 메타버스 관련 주 중 가장 중심은 GPU 관련 주다.

셋째, GPU뿐만 아니라 자율주행차, 인공지능 등 모든 분야에서 엔비디아의 급성장이 예상된다.

넷째, 엔비디아는 5개월간 상승 이등변삼각형 끝단에서 기술적 분석상 상승자리였다.

이러한 이유로 엔비디아 주가의 상승 가능성이 매우 클 것이라 예상했는데, 적절한 타이밍에 매수해 200% 이상 수익을 냈으며, 앞으로도 추가 상승 가능성이 매우 크다고 할 수 있습니다.

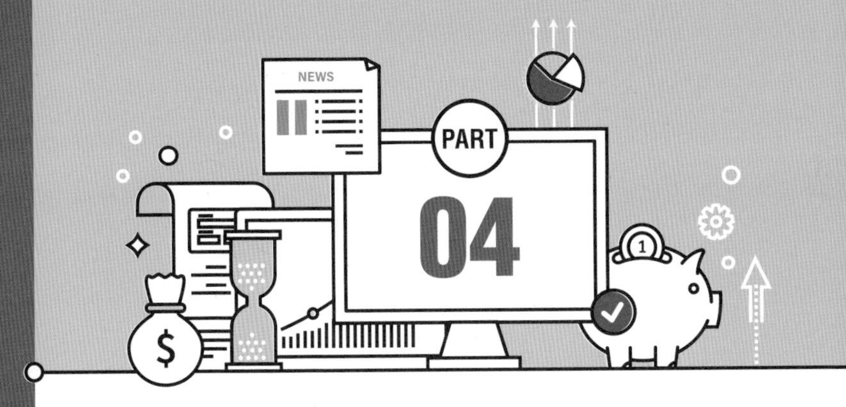

미래를 주도할 산업을 찾아라!

(부제 : 10배 상승할 종목 발굴)

수많은 개인 투자자들이 주식 투자하면서 누구나 꿈꾸는 것이 10배 이상 수익을 내는 것입니다. 하지만 이것이 말처럼 쉽지는 않습니다. 우리는 매주 로또 1등 당첨자의 소식을 듣습니다. 어떤 때는 1등에 1명이 당첨되기도 하고, 또 어떤 때는 10여 명이 1등에 당첨되기도 합니다. 하지만 안타깝게도 나 자신에게는 그런 행운이 오지 않습니다. 평생 살면서 로또 복권 1등 당첨된 사람이 몇 명이나 될까요?

주식 투자에서도 단번에 10배 이상 수익을 내는 사람들이 나오겠지만, 그것 역시 아쉽게도 나 자신은 아닙니다. 2010년 이전 작전주가 판치던 시절에는 그나마 지금보다는 자주 나왔습니나. 하지만 시장 감시 시스템이 점점 발달하고부터 작전세력들이 서서히 사라지고 있습니다. 즉, 주식 투자의 목표가 한 종목을 사서 10배 수익을 내는 것이라면 로또 1등 당첨처럼 거의 불가능하다는 것입니다.

하지만 단기간에 10배의 수익을 내는 것 대신 5년 또는 10년 동안의 장기 투자로 시간을 늘리면 어떻게 될까요? 앞으로 오랫동안 성장 가능성이 큰 산업의 대장주를 사서 10년 이상 보유할 수 있다면, 10배 수익 달성은 꿈이 아닐 것입니다. 단지 그 10년이란 기간 동안 천국과 지옥을 오가는 변동성이 몇 번은 나올 텐데 그것을 인내하는 것이 매우 어렵습니다. 예를 들어 아마존이나 테슬라 등이 몇백 배씩 상승하는 동안 심지어 90% 폭락한 구간도 있었습니다. 개인 투자자가 이걸 견디기란 정말 어렵습니다. 그래서 처음부터 끝까지 버틴 투자자는 오너밖에 없다는 말이 생긴 것입니다. 하지만 저는 지금부터 말하는 것을 잘 듣고 실천한다면, 10배 이상의 수익을 10년에 걸쳐 내는 동안 지치지 않고 버틸 수 있다고 생각합니다. 지금부터 앞으로 10년 동안 주식 투자로 10배 이상 수익 내는 방법에 대해 자세하게 말씀드리고자 합니다.

먼저 종목을 선정하기에 앞서 앞으로 10년 후 변화할 세상에 관해 이야기를 먼저 나누어야 할 것 같습니다. 혹시 이런 변화에 관심이 없더라도 주식 투자를 위해서 10년 후 변화될 우리의 삶에 대해 상상하거나, 관련 뉴스들을 보거나, 유튜브를 보거나 공부를 해서 10년 뒤에 과연 우리는 어떤 세상에서 살게 될 것인지 상상해보세요. 그동안 세상을 살아온 경험을 바탕으로 누구나 쉽게 예상할 수 있을 것입니다.

"자! 지금부터 10년 후에 우리는 어떤 세상에서 살고 있을지 함께 상상해보겠습니다."

손에 들고 다니는 스마트폰이 스마트 글래스로 대체될 것입니다. 스마트 글래스는 2012년 구글(Google)사의 '구글 글래스'를 공개하면서 세상에 등장한 개념입니다. 명령어 입력이 말로 가능한 인터페이스 장치, 사람의 눈으로 투시한 이미지를 전달하는 장치, 문자나 통화가 가능한 장치 등의 하드웨어로 구성되어 안경 형태로 착용하기 때문에 무게와 렌즈의 화각 등을 고려해 만들어졌습니다. 별도의 컨트롤러를 사용해 증강 현실, 가상 현실 정보를 보여주거나, 스마트폰과 연동해 전화, 문자, 알람 등의 기능을 이용할 수도 있습니다. 더 이상 손에 스마트폰을 들고 다니지 않아도 이 스마트 글래스를 일반적으로 사용하게 될 것입니다.

컴퓨터도 클라우드를 통해 6G 통신으로 접속해 몸체에 선이 사라지고 둘둘 말아서 가지고 다니는 모니터 또는 스마트 글래스가 모니터를 대신하게 될 것입니다. 즉 전혀 새로운 형태의 컴퓨터가 등장할 것입니다.

공항, 버스터미널, 식당이나 매점 등에서 키오스크(KIOSK)가 일반화되고 있습니다. 키오스크는 정부기관이나 지방자치단체, 은행, 백화점, 전시장 등 공공장소에 설치된 무인정보 단말기를 말하는데, 이것이 늘어나면서 더 이상 주문받거나 계산하는 사람이 없어지고 키오스크가 일반화되고 있습니다. 지금은 식당이나 카페 등에서 이것이 점점 늘어나고 있는데, 10년 후면 대부분 키오스크가 인간을 대신할 것입니다.

커피나 음식도 로봇이 만들고 로봇이 음식을 앉은 자리까지 서빙해줄 것입니다. 점점 힘든 일, 특히 반복적인 일로 패턴화할 수 있은 일은 무엇이든 로봇이 대신할 수 있습니다. 그럼 그보다 어렵고 고도화된 일은 인간이 할까요? 아니요. 그 일들도 인공지능에 넘어갈 것입니다. 의사 대신 진료를 보거나, 처방전을 읽고 약을 짓거나 복잡한 교통 시스템을 관리 운영하는 등 훨씬 많을 일을 대신할 수 있습니다. 자동차의 자율주행 운전은 5단계까지 일반화되면서 자율주행 택시, 자율주행 버스가 일반화될 것입니다. 인간은 자동차에 타서 목적지만 입력하고 쇼핑을 하거나 게임을 하거나 업무를 보면 자동차가 알아서 목적지까지 데려다줄 것입니다.

또 10년 후면 우주 정거장에 호텔이 생겨나 3박 4일 우주에서 머물다 오는 우주여행이 일반화될 것입니다. 이런 모습은 1968년에 제작된 스탠리 큐브릭(Stanley Kubrick)의 〈2001 스페이스 오딧세이〉 영화에 나오는 장면입니다. 이 영화에 태블릿 PC가 등장하는 것을 아시나요? 앞으로는 상당수 많은 사람이 아침에 일어나면 메타버스인 가상 세계에 출근해서 거기서 업무도 보고, 회의도 하며, 게임도 하고, 쇼핑도 하며, 대부분의 생활을 메타버스 안에서 생활하게 될 것입니다.

지금까지 10년 후에 지금보다 훨씬 더 발전된 모습을 상상해봤습니다.

여러분들은 제 이야기가 허황된 이야기처럼 들리나요?

아마도 누구나 다 그럴 수 있을 것이라 고개를 끄덕일 것입니다. 그렇다면 이런 세상에 관련된 산업과 그 산업에서의 대장주를 잘 골라서 투자를 한다면 10배 또는 그 이상 주가는 상승하게 되겠지요? 제가 생각하는 10년 후에 변화된 문명이나 과학의 발달, 그리고 우리 생활의 발달은 저의 주관적인 생각이니 각자 본인 나름대로 상상해보시기 바랍니다. 그리고 그 상상한 대로 10배 투자에 도전하시기 바랍니다.

이제부터 로봇, 전기차와 자율주행차, 우주항공, 메타버스, 무인항공기(드론), 블록체인 산업에 대한 성장 가능성과 관련 주를 자세히 분석해드리겠습니다. 이것들을 참조해 인공지능, 가상 현실과 증강 현실, 보안시큐리티, 줄기세포 등 성장할 산업에 관한 연구와 종목 발굴에도 힘쓴다면, 10배뿐만 아니라 100배 상승할 산업과 종목도 발굴할 수 있을 것입니다.

1

/

로봇

어릴 때 만화책에서 보던 로봇 태권V나 마징가Z 같은 로봇들이 현재는 놀랄 만큼 발달해 우리 생활에 밀접하게 들어와 있습니다. 로봇의 발달 속도는 상상하는 것보다 훨씬 더 빠르게 우리 생활 속에 스며들고 있습니다.

자료 4-1. 그리스 신화에 나오는 탈로스

출처 : Wikimedia Commons

인간의 기록에 처음 등장하는 로봇은 그리스 신화에 나오는 인조인간인 탈로스입니다. 실제로 존재했는지는 확실하지 않지만, 탈로스는 크레타섬을 지키는 파수병 역할을 했다고 하며, 온몸이 청동으로 되어 뜨겁게 달아오른 몸뚱이로 적들을 덥석 껴안아서 죽였다고 합니다. 그 후 18세기에 들어와 다양한 형태의 자동인형이 제작되기 시작했습니다. 그러다 1920년에 '로봇'이란 용어를 체코슬로바키아의 극작가 차페크(Capek)가 처음 사용했습니다. 1961년에 산업용 로봇이 처음 등장했으며, 점차 발달해 과학 발달에 힘입어 1980년대에 들어와 본격적인 성장 국면을 맞이했습니다. 그러다 최근 2016년에 이르러서 다보스 세계 경제포럼에서 4차 산업혁명을 화두로 꺼낸 뒤 인공지능 로봇을 둘러싸고 인류가 어떻게 될 것인지에 대한 심각한 논의가 이어지고 있습니다. 최근에는 로봇이 인공지능과 결합하는 양상을 보이면서 획기적으로 발달하고 있습니다.

로봇은 어떤 작업이나 조작을 자동으로 할 수 있는 기계장치를 말합니다. 로봇은 외부의 제어 장치에 의해 조종되거나 제어 장치가 내장되어 있습니다. 로봇은 인간의 형상을 본떠 만들기도 하지만, 대부분 로봇은 아직 어떻게 보이는지와 상관없이 작업을 수행하는 데 편리하도록 설계됩니다. 로봇은 인간이 갈 수 없는 장소에서 작업이 가능하므로 우주 공간에서의 작업이나 독가스 또는 방사능 등 위험지역 작업을 대신할 수 있습니다. 그뿐만 아니라 산업현장에서 인간이 하던 반복되거나, 지루하거나, 위험한 작업 역시 로봇이 대신하고 있습니다. 로봇은 가정에서 가사를 돕거나, 육체적 장애가 있는 사람을 돌보는 일을 하기도 합니다. 이런 다양한 형태의 로봇 중에 우리들과 밀접한 관계를 맺기 시작한 로봇들부터 살펴보겠습니다.

자료 4-2. 우리 생활에 밀접한 AI

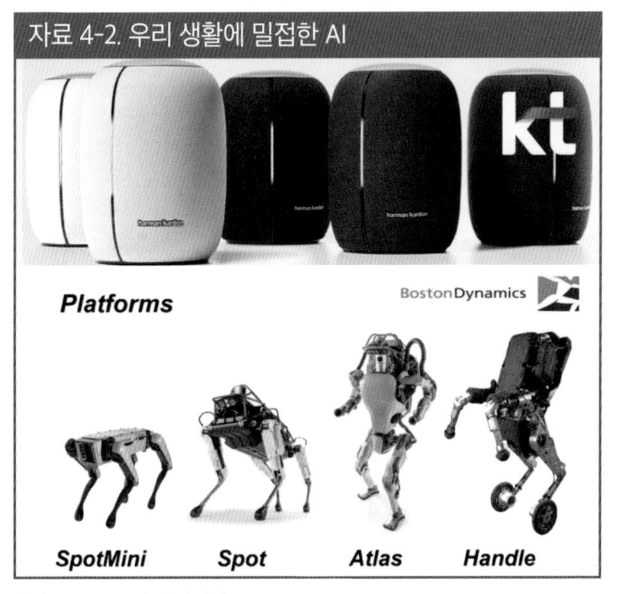

출처 : KT, 보스턴 다이내믹스

가장 먼저 초기 단계의 인공지능인 AI 스피커입니다. 요즘 AI 스피커는 가장 먼저 스마트폰에서 말을 걸거나, 문자를 대신 보내고, 원하는 사람에게 전화도 연결해줍니다. 집에 있는 AI 스피커는 목소리로 명령하면 TV프로를 틀어준다거나, 독거노인에게 말벗이 되어 준다거나, 약 먹는 시간을 알려주는 알람 등 일상 생활에서 편리하게 인간 생활을 도와주고 있습니다.

최근에 AI 아나운서가 방송을 대신 진행하고 있는데, 인간과 차이가 점점 없어지고 있습니다. 거기다 AI가 신문 기사도 쓰고 있는데 정확도가 점점 높아지고 있습니다. 요즘 AI 의사가 진찰하거나 수술을 하고 있는데, 오차가 인간보다 훨씬 적다고 합니다. 인천공항에서는 2017년부터 길 안내 로봇 '에어스타'가 탑승권을 스캔하면 카운터와 탑승구까지 에스코트해주고 있습니다. 그 외 백화점이나 역사 등에서도 안내 로봇들이 점차 늘어나고 있습니다. 레스토랑에서는 로봇이 주문을 받고, 음식을 만들고, 만들어진 음식을 서빙하는 곳들이 점점 늘어나고 있습니다.

웨어러블 로봇의 도움으로 하반신 마비의 장애인이 혼자 걸을 수 있게 됐고, 정상적인 사람도 웨어러블 로봇을 착용하면 인간의 힘으로 들 수 없는 훨씬 무거운 것도 들 수 있습니다. 또한, 깊은 맨홀 또는 하수구 등 위험한 작업장에 로봇이 대신 들어가 작업을 할 수 있고, 5단계 수준의 자율주행 운전으로 운전자는 전혀 신경 쓰지 않아도 자율주행 시스템이 원하는 목적지까지 데려다줍니다. 딥러닝 기술로 인공지능이 학습능력을 가지면서 점점 지능이 발달해 인간의 능력을 뛰어넘은 지 이미 오래됐습니다. 6년 전 알파고와 이세돌 9단의 바둑 대련이 그 예입니다. 심지어 로봇은 이미 춤을 추거나 백덤블링을 하는 수준까지 발달했습니다.

최근에는 한국과 일본 과학자들이 바나나에 손상을 주지 않고 껍질만 깔 수 있는 로봇을 개발했다고 합니다. 이전에는 힘 조절이 어려워 바나나처럼 부드러운 과일은 으깨버리기 일쑤였지만, 이 로봇은 인공지능 덕분에 사람처럼 유연한 동작으로 마침내 바나나 껍질을 벗기는 데 성공했다는 것입니다.

2022년 3월 24일부터 26일까지 코엑스에서 열린 'IFS 프랜차이즈 창업박람회'는 역대 가장 많은 로봇업체가 참가했는데, 서빙 로봇이 가장 많았다고 합니다. 레스토랑, 카페·호프, 골목 식당, 호텔 등 공간 특화 서빙 로봇 '서빙고' 7종류를 선보였는데, 국내 AI와 컴퓨터 비번 같은 소프트웨어 기술로 개발된 서빙고는 '중국산 로봇'과 달리 데이터를 안전하게 관리하는 기능도 있다고 합니다. 서빙 로봇은 자율주행뿐 아니라 테이블 위치에 정확하게 서는 것이 중요한데, AI 기반의 카메라와 센서로 오차 범위를 3~4cm로 줄였다고 합니다. 게다가 월 이용료 60만 원대의 서빙 로봇을 도입하면, 서빙 직원 1명을 줄여도 되고, 향후 2~3년이면 10만 대 이상 보급될 것으로 예상합니다.

로봇은 인공지능(AI), AI 스피커, AI 아나운서, 인간 활동 보조수단, 자동생산 로봇, 자율주행, 서빙 로봇, 위험한 일을 대신하는 로봇, 군사용 로봇 등으로 구분할 수 있습니다. 현재 로봇 산업은 초보 단계를 지나 점차 성숙 단계에 접어들고 있습니다. 이대로 10년 후에는 가장 많이 성장할 산업이 확실합니다. 지금 로봇 관련 주를 잘 골라 투자한다면 10년 후에 10배 수익은 어렵지 않을 것으로 판단됩니다.

미국 거래소에 상장된 주식을 단기간에 매수와 매도를 반복하는 것은 높은 세금과 수수료 때문에 권하지 않습니다. 하지만 수개월간 분할 매수하며 5년 또는 10년 이상 장기 보유하신다면 예상보다 훨씬 큰 수익을 내실 수 있습니다.

다음 종목은 추천 종목이 아니며, 참조해서 매수와 매도 판단은 본인이 직접 하길 바랍니다. 매매에 대한 책임은 본인에게 있습니다.

2021년 12월, 삼성전자가 로봇 사업에 본격적으로 진출한다는 소식에 로봇 관련 주들이 일제히 급등했습니다. 업계에서는 LG전자, 현대차에 이어 삼성전자까지 로봇 사업을 미래 먹거리로 주목하면서 로봇 시장이 폭발적으로 성장할 것이라는 전망 때문입니다. 다만 국내 로봇 관련 주들은 적자 상태 기업이 다수이며, 단기간 변동성이 클 수 있어 주의가 필요합니다.

따라서 저는 10년간 보유할 로봇 관련 주로 미국 나스닥에 상장된 로봇 관련 ETF 하나와 그 ETF에 편입된 유망한 두 종목을 설명하겠습니다. ETF는 개별 종목보다 느리게 움직이는 경향이 있으니 보수적으로 안정적인 투자를 선호하는 분들은 로봇 관련 ETF에 투자하길 권합니다. 하지만 조금 더 공격적 투자 성향의 투자자라면 로봇 관련 ETF가 편입한 로봇생산 기업에 직접 투자하는 것도 좋은 방법이라고 생각합니다.

보츠(BOTZ), Global X Robotics & Artificial Intellingence ETF

먼저 설명할 ETF는 Global X Robotics & Artificial Intellingence ETF로서 현지 코드는 BOTZ입니다. 앞으로 편의상 현지 코드 BOTZ로 부르겠습니다.

자료 4-3. BOTZ 기업 개요(2022년 5월 3일 기준)

종목명	Global X Robotics & Artificial Intellingence ETF		
현지코드	BOTZ	거래소	NASDAQ
시가총액	$1.66B(약 2조 940억 원)	상장일	2016. 9. 12
관리자산	$1.53B(1조 9,300억 원)	주가	$24.96(2022. 4 .5)
상장사	글로벌미래에셋자산운용	일일평균거래량	$1,621만(162억 원)

출처 : https://www.etf.com/BOTZ#overview

BOTZ는 2016년 9월 12일에 나스닥에 상장됐으며 로봇 관련 ETF이고, 2022년 5월 3일 기준으로 운용자산은 15.3억 달러(1조 9,300억 원) 규모이며, 일일 평균거래량은 1,621만 달러(약 162억 원)입니다. 시가총액은 약 2조 940억 원으로, 로봇 관련 경쟁 ETF인 AIQ, ROBO, IRBO, ROBT, ARKQ 중에 BOTZ가 시가총액이 가장 큽니다.

BOTZ는 로봇 또는 인공지능의 개발 및 생산에 관련된 회사에 시가총액을 선택하고 가중치를 적용해 기준을 제공합니다. ETF 편입 기업들은 선진국에 상장되어 있으며, 로봇 공학 및 인공지능 분야에서 수익의 상당 부분을 얻거나 명시된 비즈니스 목적이 있는 기업들을 선정했습니다. 드론 개발에서 의료 로봇 및 예측 분석 소프트웨어에 이르기까지 다양한 응용 프로그램의 기업을 포함했습니다. 전통적인 분류 시스템을 통해 볼 때 BOTZ는 로봇 산업과 관련 기술을 추종합니다. 이 지수는 매년 재구성되고 재조정됩니다.

자료 4-4. BOTZ 국가별 포트폴리오(2022년 5월 3일 기준)

BOTZ Top 10 Countries

Country	%	Country	%
United States	42.41%	Canada	2.00%
Japan	33.36%	Israel	1.39%
Switzerland	11.63%	Finland	1.30%
Norway	5.22%	Korea, Republic of	0.34%
United Kingdom	2.36%		

출처 : https://www.etf.com/BOTZ#efficiency

BOTZ의 국가별 포트폴리오는 2022년 5월 3일 기준으로 미국 42.41%, 일본 33.36%, 스위스 11.63%로 3개국이 87% 이상입니다. 한국 기업도 작지만 0.34% 포함되어 있습니다.

자료 4-5. BOTZ ETF에 편입된 기업(2022년 5월 3일 기준)

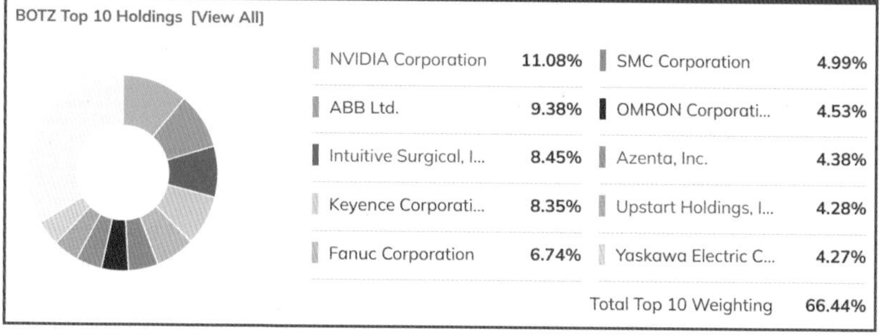

BOTZ Top 10 Holdings [View All]

NVIDIA Corporation	11.08%	SMC Corporation	4.99%
ABB Ltd.	9.38%	OMRON Corporati...	4.53%
Intuitive Surgical, I...	8.45%	Azenta, Inc.	4.38%
Keyence Corporati...	8.35%	Upstart Holdings, I...	4.28%
Fanuc Corporation	6.74%	Yaskawa Electric C...	4.27%
		Total Top 10 Weighting	66.44%

출처 : https://www.etf.com/BOTZ#efficiency

BOTZ ETF에 편입된 기업들은 인공지능 컴퓨팅 회사로서 Graphics와 Compute & Networking으로 세계적인 기업인 엔비디아가 11.08%로 비중이 가장 높습니다. 다음은 전기제품, 로봇 및 동작, 산업자동화 및 전력그리드의 4개 사업 부문을 주력으로 하는 지주회사 ABB가 비중이 9.38%입니다. 다빈치 수술 시스템 및 관련 장비와 액세서리를 설계 및 제조 판매하는 인튜이티브 서지컬의 비중은 8.45%입니다. 일본 증권거래소에 상장되어 일본에서 시가총액 2위인 키엔스 기업도 자동 제어 장비, 계측기, 정보 장비 및 기타 전자응용 장비 및 관련 시스템을 개발 제조하는 기업으로 비중이 8.35%입니다. 그리고 그 외 상위 10개 기업이 전체 비중의 66.44%를 차지합니다. 엔비디아나 ABB 그리고 인튜이티브 서지컬은 공격형 투자자라면 개별 종목으로 직접 보유하셔도 10년간 보유한다면 크게 성장할 기업으로 예상됩니다. 하지만 안정형 투자자라면 로봇 산업이 초기에서 중기로 넘어가는 단계로 개별 기업의 리스크를 감수하기보다는 BOTZ ETF를 장기간 보유하는 것이 안정성과 수익성 모두를 만족하는 최선의 방법이라고 판단됩니다.

로빈후드(Robinhood)는 2013년 출시된 미국 스타트업 주식 거래 플랫폼입니다. 수수료 무료와 편리한 사용자 환경을 통해 밀레니얼 세대 투자자를 끌어모아 크게 성장했습니다. 코로나19 여파로 젊은 신규 주식 투자자들이 로빈후드 앱을 통해 2020년 초에 신규 계정이 300만 개나 대거 유입되면서 '동학 개미'처럼 신규 개인 투자자들을 '로빈후드' 또는 '로빈후더'라 부르고 있습니다. 최소 계정이나 등록 수수료가 없어 현재 1,300만 개의 사용자 계정을 자랑하며, 이용자 평균 연령은 31세로 대부분 개인 투자자가 소유하고 있습니다. 2020년 6월 4일, BOTZ ETF는 로빈후드의 가장 인기 있는 20개 ETF 중에 16위에 오를 만큼 젊은 투자자들에게 인기 있는 ETF입니다.

인공지능, 로봇, 전자제어, 로봇 수술, 자율주행 등 로봇 관련 기업으로 구성된 ETF로써 안정적으로 로봇 산업에 투자하고 싶은 투자자들에게 BOTZ를 추천합니다. 로봇 산업이 향후 계속 상승할 것이 확실한 만큼 지금부터 분할 매수하시면 10년 후에 큰 수익을 줄 것이 확실합니다.

에이비비(ABB)

이번에 소개할 기업은 ABB입니다. 전기, 자동화, 로봇 공학 분야에서 전 세계적으로 경쟁력 있는 업체입니다. ABB는 더욱 생산적이고, 지속 가능한 미래를 달성하기 위해 사회와 산업의 변화에 활력을 불어넣는 선도적인 글로벌 기술 기업입니다. ABB는 소프트웨어를 전기화, 로봇 공학, 자동화 및 모션 포트폴리오에 연결함으로써 기술의 한계를 뛰어넘어 성공을 새로운 수준으로 끌어올립니다. 130년 이상의 탁월한 역사를 자랑하는 ABB의 성공은 100개 이상의 국가에서 약 105,000명의 재능 있는 직원에 의해 주도됩니다(출처 : ABB 홈페이지 발췌).

자료 4-6. ABB 기업 개요(2022년 5월 3일 기준)

종목명	ABB		
현지코드	ABB	거래소	뉴욕거래소
시가총액	$58.89B (약 74조 5,872억 원)	상장일	2001. 4. 6
상장주식수	1,929,000,000	주가	$30.53
자본총액	$15.5B (약 19조 7,308억 원)	매출액	$28.9B (36조 6,588억 원)
영업이익	$4.64B(5조 8,803억 원)	당기순이익	$4.62B (5조 8,588억 원)

출처 : Yahoo finance, Investing.com

ABB는 2001년 4월 6일에 뉴욕거래소에 상장됐으며, 2022년 5월 3일 기준 현재 시가총액은 약 74조 5,872억 원이며, 2021년 말 기준 매출액은 36조 6,588억 원, 영업이익은 5조 8,803억 원, 당기순이익은 5조 8,588억 원입니다.

자료 4-7. ABB 보유 자산운용사(2022년 5월 3일 기준)

주주명	주식수	비중
Capital International Investors	20,173,133	1.05%
Fisher Investments	18,217,985	0.94%
Capital World Investors	14,250,693	0.74%
American Funds Washington Mutual Investors Fund	13,379,697	0.69%
Managed Account Advisors LLC	4,422,225	0.23%

출처 : Yahoo finance, Investing.com

ABB를 보유하고 있는 자산운용사로는 Capital International Investors가 1.05% 보유, Fisher Investments가 0.94% 등을 보유하고 있습니다. ABB의 주력사업 영역은 전기화 사업, 공정 자동화 사업, 스마트 모션 사업, 그리고 로봇 공학과 이산 자동화 사업, 이 4가지 영역으로 구분됩니다.

4가지 사업 영역을 구체적으로 살펴보면 다음과 같습니다.

첫째, 전기 영역으로, ABB의 전기화 사업은 변전소에서 소켓에 이르기까지 다양한 제품, 디지털 솔루션 및 서비스 포트폴리오를 제공해 안전하고 스마트하며, 지속 가능한 전기화를 가능하게 합니다. 제품에는 EV 인프라, 태양광 인버터, 모듈식 변전소, 배전 자동화, 전력 보호, 배선 액세서리, 스위치기어, 인클로저, 감지 및 제어를 비롯한 저압 및 중전압용 디지털 및 혁신이 포함됩니다.

둘째, 프로세스 자동화로서 공정 자동화 사업은 산업별 통합 자동화, 전기화 및 디지털 솔루션, 제어 기술, 소프트웨어 및 고급 서비스, 측정 및 분석, 해양 및 터보차저 제품을 포함해 공정 및 하이브리드 산업을 위한 광범위한 솔루션을 제공합니다.

셋째, 스마트 모션 사업부는 전 세계적으로 가장 큰 드라이브 및 모터 공급업체입니다. 전기 모터, 발전기, 드라이브 및 서비스의 전체 범위는 물론, 기계식 동력 전달 제품과 통합 디지털 파워트레인 솔루션을 고객에게 제공합니다.

넷째, 로봇 공학과 이산 자동화 사업은 로봇, 기계 및 공장 자동화 분야에서 부가 가치 솔루션을 제공합니다. 통합 자동화 솔루션, 광범위한 산업 분야에 걸친 애플리케이션 전문성 및 글로벌 입지는 실질적인 고객 가치를 만들어내고 있습니다. 또한, 인공지능 분야의 광범위한 작업,

디지털 파트너십의 생태계, 상하이의 새로운 세계적 수준의 로봇 공장에 대한 1억 5,000만 달러 투자를 통한 생산 및 연구 역량 확장이 포함됩니다. 10년 후 스마트 그리드, 프로세스 자동화와 로봇 산업 등 지속해서 성장 가능성이 있는 기업으로, 향후 10배 이상 상승 가능성이 큰 기업입니다.

인튜이티브 서지컬(ISRG, Intuitive Surgical Inc)

로봇이 가장 빠르게 도입되는 부분이 로봇 수술입니다. 과거의 수술은 수술 부위를 절개하고 수술을 해야 해서 상당히 위험했는데, 수술용 로봇팔이 도입되면서 절개도 최소화하고 출혈도 줄었습니다. 위험을 현저히 낮추고 사람 몸속 깊숙한 부분도 안전하게 수술하는 기술이 나날이 발전하고 있습니다.

자료 4-8. 인튜이티브 서지컬 기업 개요(2022년 5월 3일 기준)

종목명	인튜이티브 서지컬(Intuitive Surgical Inc)		
현지코드	ISRG	거래소	나스닥
시가총액	$88.41B (약 111조 9,771억 원)	상장일	2000. 6. 13
상장주식수	358,956,511	주가	$246.31
자본총액	$11.9B (약 15조 727억 원)	매출액	$5.71B (7조 2,318억 원)
영업이익	$2.16B(2조 7,410억 원)	당기순이익	$1.7B(2조 1,588억 원)

출처 : Yahoo finance, Investing.com

인튜이티브 서지컬은 2000년 6월 13일에 나스닥에 상장됐으며, 2022년 5월 3일 기준 시가총액은 약 111조 9,771억 원이며, 2021년 말 기준 매출액은 7조 2,318억 원, 영업이익은 2조 7,410억 원, 당기순이익은 2조 1,588억 원입니다.

자료 4-9. 인튜이티브 서지컬 보유 자산운용사(2022년 5월 3일 기준)

주주명	주식수	비중
The Vanguard Group, Inc.	28,062,045	7.82%
T. Rowe Price Associates, Inc.	24,756,021	6.90%
BlackRock Institutional Trust Company, N.A.	16,026,470	4.46%
State Street Global Advisors (US)	14,834,746	4.13%
Fidelity Management & Research Company LLC	13,189,539	3.67%

출처 : Yahoo finance, Investing.com

세계적인 투자 자산운용사인 뱅가드(The Vanguard Group, Inc.)가 지분 7.82%를 보유하고 있으며, 로 프라이스(T. Rowe Price Associates)가 6.90%, 그리고 블랙록(BlackRock Institutional Trust Company, N.A.)이 4.46% 지분을 보유하고 있는 우량기업입니다.

인튜이티브 서지컬은 다빈치 수술 시스템 및 관련 장비와 액세서리를 설계, 제조 및 판매하는 기업입니다. 여기서 다빈치 수술이란 대형 절개 대신 배꼽 주변 2.5cm 미만의 구멍에 로봇 기구를 삽입해 이루어지는 수술을 말합니다. 이 수술은 통증이 적고, 흉터가 거의 없는 것이 가능합니다. 이 회사의 다빈치 수술 시스템은 수술 의사의 조종간인 인체공학적 서전 콘솔과 최대 4개까지 수술용 로봇 기구를 장착할 수 있는 환자용 카트, 그리고 인체 내부를 확대한 3D 영상을 볼 수 있는 비전

타워로 구분될 수 있습니다. 다빈치 로봇 수술기 제조 및 공급사인 인튜이티브 서지컬은 세계에서 유일하게 로봇 수술 장비를 이용해 최소 침습 수술(최소한의 흉터로 하는 수술)을 돕는 기술 전문 기업입니다.

자료 4-10. 다빈치 수술 시스템

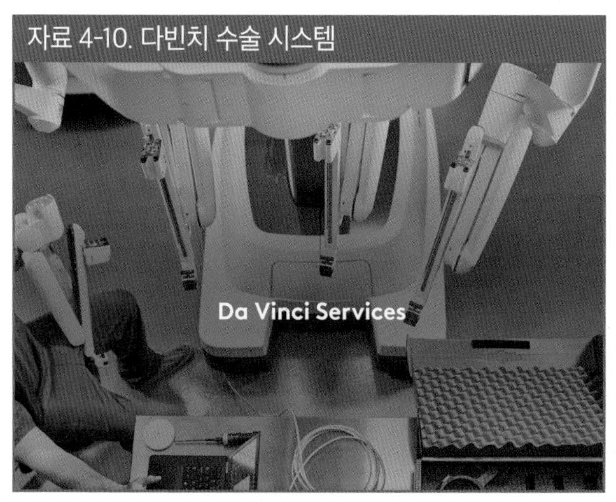

출처 : 인튜이티브 서지컬 홈페이지

인튜이티브 서지컬은 최소 침습 수술용 다빈치 로봇을 개발해 수술용 로봇 시장에서 점유율 80%를 차지하는 글로벌 기업입니다. 2021년 매출액 57억 1,000만 달러(약 6조 8,000억 원), 영업이익 18억 2,000만 달러(약 2조 1,000억 달러)로 전년 대비 각각 31.0%와 73.5% 증가했습니다. 2022년에도 11~15% 성장이 예상됩니다.

이 기업은 독보적인 시장 지위와 소모품 판매를 통해 높은 마진을 기록하고 있습니다. 2021년 4분기 기준으로 매출 비중은 로봇 시스템 25.3%, 소모품 54.4%, 서비스 15.3%, 운용리스 5% 등으로 수술 도구와 같은 소모품과 교육, 사후관리(AS) 등의 서비스 매출이 70% 수준을 차지합니다. 이들 매출은 로봇 시스템 판매 후 지속해서 반복 발생하기 때문에 매출의 지속성과 마진이 높습니다.

인튜이티브 서지컬 사업의 핵심은 더 많은 로봇 시스템을 판매해 반복성 매출의 기반을 다지는 것입니다. 현재 전체 수술 중에 로봇 시스템의 수술률은 2~3% 정도로 아직은 미미합니다. 이 수술률 확대를 위해 새로운 수술 영역을 확장하는 것이 관건인데, 현재는 초기 단계로서 그 성장성은 실로 무궁무진하다고 할 수 있습니다.

최근 '메드트로닉', '존슨앤존슨'과 같은 대기업들이 진출하면서 경쟁이 점점 심화하고 있지만, 고도의 기술력이 필요해 높은 진입 장벽이 있어 독점적 지위를 구축하고 있고, 안성적 매출 구조가 높은 밸류에이션을 가지고 있습니다. 10년 후 총수술 대비 로봇 시스템 수술률이 많이 증가할 것으로 예상하는 가운데, 독점적 지위를 누리고 있어 향후 10배 이상 상승 가능성이 매우 크다고 할 수 있습니다.

2

/

전기차와 자율주행차

기후 온난화 문제로 인해 혹한이나 폭염 또는 폭우와 폭설 등 이상기후로 몸살을 앓고 있는 가운데, 전 세계에서 이것들의 주범으로 꼽히는 탄소를 배출하는 화석연료를 사용하는 내연기관 차량 대신 전기차로

자료 4-11. 아이오닉 전기 시스템 하이라이트

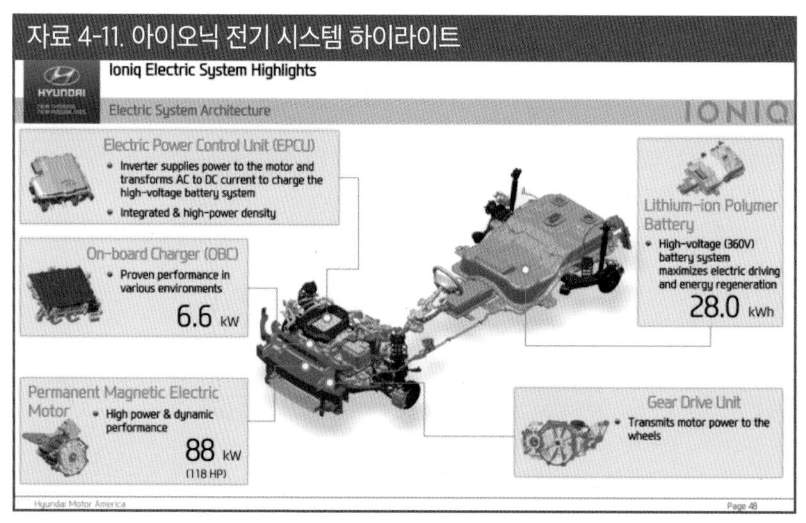

출처 : 현대차 홈페이지

급속도로 대체되고 있습니다.

전기차는 전기만을 동력으로 해 움직이는 친환경 자동차로서, 고전압 배터리에서 전기에너지를 전기모터로 공급해 구동력을 발생시키는 차량을 말합니다. 이는 내연기관을 이용하지 않기 때문에 배기가스 배출이나 소음이 거의 없습니다. 전기차는 주행 시 이산화탄소나 질소산화물을 배출하지 않아 친환경적일뿐더러 내연기관 차량보다 유지비가 1/10 수준으로 거의 들지 않는 장점이 있습니다. 전기차에서 배터리 가격 비중은 40~60%로서 매우 큽니다. 또한, 배터리의 충전시간, 1회 충전 시 주행거리 등이 전기차 성능에 매우 중요합니다.

현대차는 2030년부터 내연기관 차량을 생산하지 않는다고 발표했는데, 이는 전 세계적인 추세입니다. 지금도 거리에 전기차가 점점 늘어나고 있는 가운데 10년 뒤에는 거리의 차량 절반 이상이 전기차일 것이란 게 기정사실로 되고 있습니다. 현재 가장 앞서가는 전기차 업체

자료 4-12. 테슬라 모델 Y, 현대 아이오닉 5

출처 : 테슬라, 현대차 홈페이지

는 테슬라입니다. 그 외 아우디, 폭스바겐, 현대차 등 대부분 내연기관 차량을 생산하는 기업들이 본격적으로 전기차 개발과 생산에 박차를 가하고 있습니다.

전기차와는 떼어놓을 수 없는 것이 자율주행차입니다. 테슬라의 자율운전은 이미 5단계에 거의 근접해 있다고 알려져 있습니다. 이는 인간이 운전에 전혀 개입하지 않는 단계를 의미합니다. 테슬라는 2022년 올해 말 비상시에만 인간이 운전에 개입하는 4단계 수준의 자율주행차를 판매할 예정입니다.

10년 후에는 많은 것이 달라져 있을 것입니다. 도로에는 절반 이상이 전기차로 바뀌어 있을 것이며, 집마다 전기차 충전기가 설치되어 있을 것입니다. 아파트는 주차장마다 전기차 충전기가 충분히 설치되어 있을 것입니다. 그리고 주유소는 대부분 사라지고, 주차 공간마다 충전기가 설치되어 있을 것이고, 주차장 위에는 쇼핑몰이나 레스토랑 등이 있어 주차와 동시에 충전하는 동안 쇼핑이나 식사를 하고 내려오면 전기차는 충전이 완료되어 있을 것입니다.

서울시는 2022년에 전기차 충전기 11,600기를 설치할 부지를 시민의 신청을 통해 발굴하고 설치도 완료한다고 합니다. 전체 813개소 중 대단지 아파트를 포함한 공동주택이 353개소(43.4%)로 제일 많고, 급속충전수요가 높은 주차시설 174개소(21.4%), 공공시설 139개소(17.1%)순으로 충전 시설 설치 여건이 비교적 양호하고, 충전 편의성이 높은 곳에 설치된다고 합니다.

이같이 전기차 충전소 설치가 급증하면서 인프라가 어느 정도씩 갖춰지고 있으니, 전기차 보급은 앞으로 점점 늘어날 것입니다. 따라서 지금부터 전기차 완성업체나 배터리 생산업체를 잘 선정해서 투자한다면, 10년 후에는 1,000% 이상 수익을 내는 것도 어렵지 않으리라고 예상합니다.

테슬라(Tesla)

전기차는 전 세계적으로 테슬라가 압도적으로 선점하고 있습니다. 테슬라의 경쟁력은 곳곳에 설치된 초고속 충전소인 슈퍼 차저와 사용 후 주차해놓으면 테슬라 본사의 슈퍼컴퓨터 '도조'가 밤새 업그레이드를 통해 소프트웨어뿐만 아니라 하드웨어까지 성능이 향상된다는 점입니다. 10년 후 10배 이상 상승할 가능성이 가장 큰 종목인 테슬라에 대

자료 4-13. 테슬라 기업 개요(2022년 5월 3일 기준)

종목명	테슬라(Tesla)		
현지코드	TSLA	거래소	나스닥
시가총액	$986.9B (약 1,249조 9,390억 원)	상장일	2010. 6. 9
상장주식수	358,956,511	주가	$952.62
자본총액	$30.1B (약 38조 2,343억 원)	매출액	$53.8B (68조 1,668억 원)
영업이익	$9.4B (11조 9,139억 원)	당기순이익	$5.5B (6조 9,961억 원)

출처 : Yahoo finance, Investing.com

해 분석해보겠습니다.

테슬라는 2010년 6월 9일에 나스닥에 상장됐으며, 2022년 5월 3일 기준 시가총액은 약 1,249조 9,390억 원이며, 2021년 말 기준 매출액

은 68조 1,668억 원, 영업이익은 11조 9,139억 원, 당기순이익은 6조 9,961억 원입니다.

자료 4-14. 테슬라 보유 자산운용사(2022년 5월 3일 기준)

주주명	주식수	비중
Musk(Elon Reeve)	172,608,251	16.66%
The Vanguard Group, Inc.	62,448,572	6.03%
Capital World Investors	36,665,256	3.54%
BlackRock Institutional Trust Company, N.A.	34,586,917	3.34%
State Street Global Advisors(US)	32,465,720	3.13%

출처 : Yahoo finance, Investing.com

세계적인 투자 자산운용사인 뱅가드(The Vanguard Group, Inc.)가 지분 6.03%를 보유하고 있으며, 캐피탈 월드(Capital World Investors)가 3.54%, 그리고 블랙록(BlackRock Institutional Trust Company, N.A.)이 3.34% 지분을 보유하고 있는 초우량기업입니다.

테슬라는 전기차를 제조 판매하는 것을 주요 사업으로 하고 있습니다. 그 외 에너지 생성 및 저장 시스템을 설계, 개발, 제조, 판매, 임대하고, 지속 가능한 에너지 제품과 관련된 서비스를 제공하는 기업입니다. 하지만 그중에서도 전기차 생산 판매 비중이 가장 큰 전기차 생산업체입니다.

테슬라의 자동차 부문에는 전기차의 설계, 개발, 제조, 판매, 리스와 자동차 규제 크레딧 판매를 하고 있습니다. 몇 년 전만 해도 자동차 판매량이 적어 매출액에 탄소 크레딧 판매가 상당한 비중을 차지했으나, 매출액이 급증하고 있어 상대적으로 비중은 작아졌습니다. 이 회사의 에너지 생성 및 저장 부문에는 태양 에너지 시스템 및 에너지 저장 제품의 설계, 제조, 설치, 판매, 임대, 제품 관련 서비스, 태양 에너지 시스템 인센티브 판매가 포함됩니다. 이 회사의 자동차 제품에는 모델 3, 모델 S, 모델 X, 모델 Y가 있습니다.

자료 4-15. 테슬라 모델

출처 : 테슬라 홈페이지

차종을 구체적으로 살펴보도록 하겠습니다. 모델 3은 4도어 세단입니다. 모델 Y는 모델 3 플랫폼을 기반으로 제작된 스포츠 유틸리티 차량(SUV)이며, 모델 S는 4도어 세단입니다. 모델 X는 차체가 큰 고가의 SUV입니다. 그 외 이 회사의 에너지 저장 제품에는 Powerwall, Powerpack, Megapack이 있습니다. 하지만 아직은 비중이 미미한 수준입니다.

테슬라의 태생부터 발전사를 살펴보면 테슬라는 2003년 7월 마틴 에버하드(Martin Eberhard), 마크 타페닝(Marc Tarpenning)이 설립한 미국 전기차 회사입니다. 회사 이름은 전기공학자인 니콜라 테슬라(Nikola Tesla)의 이름을 따서 만들었습니다. 설립 후 얼마 지나지 않아 전자

결제회사 페이팔(Paypal)의 최고경영자였던 일론 머스크(Elon Musk)가 2004년 대규모 투자를 하며 테슬라 최대 주주로 합류했습니다.

일론 머스크는 1971년 남아프리카공화국 프리토리아에서 태어나 미국 펜실베니아 대학교에서 물리학과 경제학 학사 학위를 취득했습니다. 그가 24살이던 1995년에 구글 지도와 생활 정보를 결합한 검색 서비스 회사인 '집투(ZIP2)'를 설립해 컴퓨터 제조업체인 컴팩에 3억 7,000만 달러를 받고 매각했습니다. 이후 온라인 금융 서비스를 제공하는 엑스닷컴(X.COM)을 1999년에 설립한 뒤 2000년에는 이메일을 이용한 결제 서비스 '페이팔(Pay Pal)'을 운영하던 콘피니티(Confinity)를 인수 합병했습니다. 그리고 엑스닷컴의 회사명을 아예 '페이팔'로 바꿨습니다.

2002년 6월, 일론 머스크는 저가형 우주여행 사업과 화성 식민지 사업을 목적으로 스페이스 엑스(SpaceX)를 설립했고, 민간업체로는 유일하게 미국항공우주국(NASA)으로부터 국제우주정거장(ISS)에 화물을 수송하는 사업자로 선정되어 '우주 화물선'을 운행하는 회사입니다. 지금은 '스타링크 프로젝트'로 2020년대 중반까지 지구 대기권에 12,000개의 저궤도 소형 위성을 띄워 전 세계 곳곳에 초고속 인터넷망을 구축하는 프로젝트를 하고 있습니다. 장기적으로는 4만여 개의 저궤도 위성을 쏘아 올릴 예정입니다.

2002년 10월에는 '페이팔'을 온라인 쇼핑몰 업체 '이베이(eBay)'에 매각했습니다. 2004년 2월에는 일론 머스크가 테슬라에 650만 달러를 투자하면서 테슬라모터스의 최대 주주이자 회장이 됐습니다. 2006년 테슬라가 첫 번째 2인승 전기스포츠카인 '로드스터' 시제품을 공개했는데, 이는 한 번 충전으로 400km를 달렸고, 제로백 4초에 도달하는 성능을 자랑했습니다. 그 후 2008년 초에는 세계 최초 양산형 전기차 '로드스터'를 본격적으로 출시해 1,000여 대가 팔렸습니다. 2010년 테슬라는 캘리포니아 프리몬트에 있는 도요타 공장을 4,200만 달러(한화 약 460억 원)에 사들였으며 같은 해 나스닥에 상장했습니다.

일론 머스크는 "테슬라는 그저 전기차 제조회사가 아닙니다"라고 주장했는데, 전기차를 온라인으로 업그레이드하며, 자율주행차 수준을 나날이 높이고 있습니다. 또한, 테슬라 플랫폼에 각종 어플리케이션을 설치해 전자상거래, 메타버스, 게임 등 모든 것들이 모여 있는 플랫폼 기업으로 진화하고 있습니다. 2020년 연간 판매량 50만 대, 2021년 연간 판매량 93만 6,000대, 2022년 연간 판매 대수는 베를린 기가팩토리를 제외하고도 140만 대를 예상하고 있습니다. 현재 캘리포니아 프리몬트에 위치한 테슬라 공장은 전 세계에서 가장 진보된 자동차 공장이며, 150헥타르 부지에 약 500만 평방미터의 생산 및 사무실 공간을 갖추고 있습니다. 상하이 공장에서는 연간 최대 50만 대까지 생산할 수 있으며, 현재 모델 3와 모델 Y를 합쳐 연간 45만 대를 생산하고 있습니다.

2022년 3월 22일부터는 독일 베를린 외곽인 브란덴부르크주 그뤼네하이데에 세운 생산공장인 베를린 기가팩토리 가동을 시작했습니다. 테슬라의 유럽 내 첫 생산 공장으로 연간 50만 대 생산을 목표로 하고 있습니다. 테슬라는 2019년 11월, 2021년 7월 가동을 목표로 베를린 기가팩토리 건설계획을 발표했으나 계획 변경, 인허가 지연 등 우여곡절을 겪고, 결국 2022년 3월 23일에 가동을 시작했습니다. 베를린 기가팩토리에선 최대 가동 시 12,000명까지 근무할 전망입니다. 크로스오버 SUV인 모델 Y가 주력 차종입니다.

또한, 독일에 이어 미국 텍사스주 오스틴에서도 본격적인 차량 생산에 돌입했습니다. 전기차 전문매체 〈일렉트렉〉에 따르면, 텍사스 공장에선 4680 배터리 셀을 장착한 신형 모델 Y 양산을 시작했다고 합니다. 4680 배터리는 가로 46mm, 높이 80mm로, 기존 배터리와 비교했을 때 생산비용은 kwh당 14%가량 절감되며 용량은 5배 증가합니다.

2030년 이후 전 세계 자동차 업체들이 하나둘씩 내연기관 차량 생산을 멈추고, 전기차만 생산할 것이라 선언하고 있는 가운데, 전기차 보급은 예상보다 훨씬 빠르게 증가하고 있습니다. 전기차 충전 인프라가 적정 수준을 넘어서면 전기차 판매 대수는 폭발적으로 증가할 것입니다. 아크인베스트(ARK)의 '돈나무 언니'라 불리는 '캐시 우드'는 테슬라 목표가가 2025년까지 3,000달러 이상, 2030년에는 6,000달러 이상이라고 심층 분석해 발표했습니다. 그런데 현재 흐름으로 봐서 10년 후 전기차 판매는 예상보다 훨씬 많이 증가할 것으로 예상합니다. 따라서 10년 후 테슬라 주가는 얼마나 상승할지 알 수 없습니다. 2030년 이후 테슬라 연간 판매량은 2,000만 대를 넘길 것으로 예상하는 애널리스트도 있는데, 저는 그 이상도 가능하다고 생각합니다. 따라서 10년 후 테슬라 주가는 현재 상황에서 예상하는 것보다 훨씬 크게 상승할지도 모릅니다.

리비안(Rivian)

이번에 설명하는 전기차는 제2의 테슬라라 불리는 리비안입니다. 리비안은 전기차 및 액세서리의 설계, 개발, 제조에 종사하는 기업으로 상장 전부터 아마존과 포드에서 투자해 유명해졌습니다.

자료 4-16. 리비안 기업 개요(2022년 5월 3일 기준)

종목명	리비안(Rivian)		
현지코드	RIVN	거래소	나스닥
시가총액	$25.9B (약 32조 9,427억 원)	상장일	2021. 11. 10
상장주식수	900,622,437	주가	$28.79
자본총액	$19.5B (약 24조 7,925억 원)	매출액	$55M (698억 원)
영업이익	-$4.0B (5조 1.112억 원)	당기순이익	-$4.6B (5조 9,561억 원)

출처 : Yahoo finance, Investing.com

리비안은 2021년 11월 10일에 나스닥에 상장됐으며, 2022년 5월 3일 기준, 현재 시가총액은 약 32조 9,427억 원이며, 2021년 말 기준 매출액은 698억 원, 영업이익은 5조 1,112억 원 손실, 당기순이익은 5조 9,561억 원 적자입니다.

자료 4-17. 리비안 보유 자산운용사(2022년 5월 3일 기준)

주주명	주식수	비중
T. Rowe Price Associates, Inc.	162,080,423	18.15%
Amazon.com Inc	158,363,834	17.74%
Global Oryx Co Ltd	106,414,600	11.92%
Cox Enterprises, Inc.	39,262,248	4.40%
Coatue Management, L.L.C.	35,226,301	3.95%

출처 : Yahoo finance, Investing.com

투자자는 티 로 프라이스(T. Rowe Price Associates, Inc.)가 지분 18.15%를 보유하고 있으며, 세계적인 기업 아마존(Amazon.com Inc)이 17.74%, 그리고 글로벌 오릭스(Global Oryx Co Ltd)가 11.92% 지분을 보유하고 있습니다.

리비안은 2009년 매사추세츠공대(MIT) 박사 출신 R.J. 스카린지(R.J. Scaringe)가 설립한 미국의 신생 전기차 제조사입니다. 리비안은 전기차 제조기술력을 인정받아 2019년부터 지금까지 아마존과 포드 등으로부터 약 150억 달러를 투자받았으며, 아마존은 리비안 지분 17%를 보유하고 있고, 포드도 지분 12%를 가지고 있었으나 더는 리비안과 파트너십을 맺지 않을 것이라고 밝히면서 보유 주식을 매각해 지분 5%를 보유하고 있습니다. 또한, 미국 억만장자 투자자로 알려진 조지 소로스(George Soros)가 리비안 지분을 20억 달러(약 2조 4,000억 원) 넘게 보유 중입니다.

리비안은 전기차 업계 1위인 테슬라의 대항마로 평가받는 미국의 스타트업 기업입니다. 상장 당시 리비안은 15만여 대의 선주문을 받은 채 상장해 상장 직후 크게 급등했으나, 포드자동차의 주식 매각 소식으로 급락했습니다.

아마존은 리비안이 생산할 배달용 전기밴 10만 대를 미리 주문한 상태입니다. 미국은 우리나라와 달리 아파트 문화가 아니라 단독주택에 주로 살기 때문에 운송료가 상당히 비싸서 우리나라와 비교해서 택배 문화가 발달하지 못했습니다. 미국은 세계적인 선진국이지만 땅이 매우 넓으므로 비포장도로가 많고, 우리나라보다 상대적으로 멀리 떨어진 마트에 가서 한 번에 대량으로 쇼핑을 해야 하니 집마다 픽업트럭 한 대씩은 반드시 있어야 합니다.

미국 연간 자동차 판매량이 1,457만 대인데, 이 중에 픽업트럭은 291만 대, 약 20%의 비중을 차지하는 것을 보면, 미국의 상황을 쉽게 짐작할 수 있습니다. 향후 내연기관 차량 생산이 금지되면 전기 픽업트럭이 그 자리를 대신할 것이 분명해, 이런 이유로 리비안은 고급세단을 주로 생산하는 루시드와 다르게 고성장하는 SUV와 소형 트럭을 주력으로 삼고 있습니다. 앞으로 아마존의 전략적 지원과 향후 생산량이 늘어나면서 생산 비용은 점점 줄어들고 판매량은 폭발적으로 증가할 것으로 예상합니다. 리비안은 향후 10년 동안 매년 최소 100만 대 전기차를 생산한다는 목표를 발표했습니다. 제2의 테슬라라 불리는 리비안은 상장 초기 글로벌 시장 조정 등으로 크게 하락했으나 이 고비를 잘 넘기고 경제가 안정을 찾는다면 향후 성장 가능성은 폭발적일 것으로 예상하며, 10년 뒤에 주가는 1,000% 이상 오를 수도 있다고 예상합니다.

3

/

우주항공

우주여행의 역사는 1957년 10월 4일에 구소련이 인류 최초의 인공위성인 스푸트니크 1호의 발사를 성공하면서 시작됐습니다. 스푸트니크 1호의 크기는 직경 58cm, 무게 83.6kg으로 지구에서 가까운 근지점 215km, 지구에서 먼 원지점 939km인 타원궤도를 96분에 한 번씩 회전했으며, 발사한 뒤 3개월 뒤에 지구 대기권으로 들어와 타버렸습니다. 그 뒤로 소련에 뒤처져 위기를 느낀 미국에서도 몇 달 뒤인 1958년 2월 1일, 익스플로러 1호를 발사했습니다. 그 뒤로 프랑스가 1965년, 일본이 1970년, 같은 해 4월에 중국, 그리고 1971년에 영국이 각각 인공위성을 발사하면서 본격적인 우주시대가 열렸습니다.

자료 4-18. 스푸트니크 1호

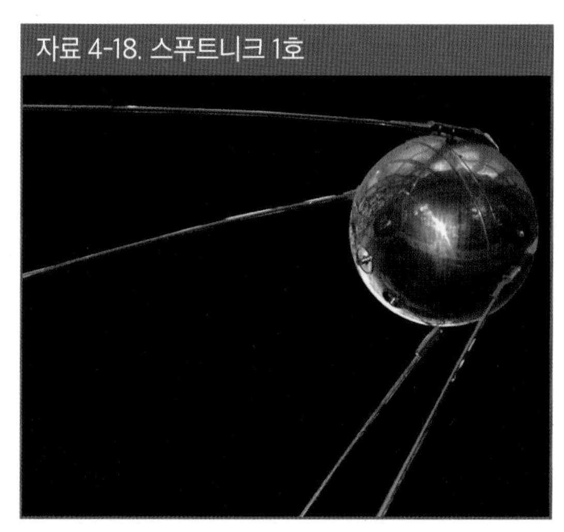

출처 : NASA

인공위성, 달 탐측기와 유인 우주선 등 모든 분야에서 선수를 빼앗긴 미국은 달 착륙만큼은 세계 제일 타이틀을 소련에 빼앗길 수 없었습니다. 1960년 미국 우주항공국 나사는 인간의 달 탐사 계획을 '아폴로 계획'이라 이름 짓고 치밀하게 준비했습니다. 아폴로는 그리스 신화에 나오는 빛의 신 이름으로 달의 여신 아르테미스와 쌍둥이였기 때문에 달 여행 계획에 그 이름이 붙여졌습니다.

수많은 시행착오 끝에 1968년 12월, 미국은 아폴로 8호로 달까지 왕복 비행에 성공했습니다. 비록 달에 착륙은 못 했지만, 38만km 거리를 두고 달을 열 번 돈 후 지구로 귀환했습니다. 그 후로 아폴로 9호와 10호를 걸쳐 아폴로 11호가 달 착륙에 성공했습니다. 미국의 닐 암스트롱(Neil Armstrong)이 1969년 7월 20일, 인류 최초로 달에 첫발을 내디뎠습니다. 닐 암스트롱은 달 표면에 서는 순간, "한 인간에게 있어서 이것은 작은 한 걸음이지만, 인류에게 있어서는 큰 도약이다"라고 말했습니다.

그 후 비약적인 발전을 거듭해 1973년 5월에 최초 우주정거장 스카이랩(Skylab)을 쏘아 올렸습니다. 스카이랩은 달에 아폴로를 쏘아 올리던 새턴 5형 로켓의 3단 로켓을 개조한 것으로 샤워 장치까지 있었으며, 마지막 실험 때는 3명의 우주비행사가 스카이랩 안에서 84일 동안 머물렀습니다. 그 후 우주왕복선을 거치면서 우주산업은 비약적인 발전을 하게 됐습니다.

그 결과 2021년 7월, 버진갤럭틱홀딩스와 블루오리진이 민간인 최초로 준궤도 우주여행을 시작하면서 본격적인 우주여행 시대 개막을 알렸습니다. 또한, 그해 9월에 스페이스X가 최초로 민간인 궤도 비행 우주여행을 시작했습니다. 준궤도 비행은 지상 80~100km 사이에 비행하는 것이고, 궤도 비행은 허블망원경의 고도인 540km보다 더 높은 575km 궤도에서 비행하는 것을 말한 것입니다. 마침내 민간 우주시대가 열린 역사적인 사건이라고 할 수 있습니다.

자료 4-19. 블루오리진, 버진갤럭틱 우주여행

출처 : 박재현 기자, 3억 원 내고 4분 무중력 상태서 '푸른 지구' 감상 … 우주관광 성큼, <경향신문>, 2018년 7월 15일자 기사 / 박광수 기자, 美버진갤럭틱, 승객 태우고 첫 우주여행 성공…요금은?, <중앙일보>, 2019년 2월 24일자 기사

2023년 2분기에 민간 우주여행이 본격적으로 시작하게 되면, 10년 후에는 지속적인 성장 속에 우주여행이 대중화되어 일반인도 우주여행을 쉽게 할 수 있는 시대가 열릴 것입니다. 그렇게 되면 자연스럽게 우주여행 관련 주들 역시 10년 후에는 10배 이상 상승할 것으로 예상합니다.

아크스페이스(ARKX) ETF, ARK Space Exploration & Innovation ETF

우주항공 ETF는 ARK Space Exploration & Innovation ETF로서 현지 코드는 ARKX입니다. 앞으로 편의상 현지 코드 ARKX로 부르겠습니다.

자료 4-20. 아크스페이스 기업 개요(2022년 5월 6일 기준)

종목명	ARK Space Exploration & Innovation ETF		
현지코드	ARKX	거래소	뉴욕거래소
시가총액	$3.6억(약 4,764억 원)	상장일	2021. 3. 30
관리자산	$3.6억(약 4,320억 원)	주가	$14.84(2022. 5. 6)
상장사	ARK ETF	일일평균거래량	$256만(30.7억 원)

출처 : https://www.etf.com/ARKX#overview

ARKX는 2021년 3월 30일에 뉴욕거래소에 상장됐으며, 우주항공 관련 ETF로 운용자산 3.6억 달러(4,320억 원) 규모로 2022년 5월 6일 기준 일일 평균거래량은 256만 달러(약 30.7억 원)입니다. 시가총액은 약

4,764억 원입니다. ARKX는 글로벌 우주탐사 및 혁신산업을 대상으로 하는 최초의 액티브 펀드입니다. '우주탐사'를 지구 표면 너머에서 발생하는 기술적으로 활성화된 제품 및 서비스를 주도하거나, 가능하게 하거나, 혜택을 주는 것으로 정의하고, '혁신 산업'은 기술적으로 지원하는 신제품 또는 서비스 도입을 의미합니다. 우주탐사 관련 회사에는 궤도 및 준궤도 항공우주, 기술 구현, GPS 및 이미징과 같은 항공 우주 활동의 수혜자가 포함됩니다. 이 ETF는 40~55개의 국내외 주식으로 포트폴리오를 보유하고 있습니다.

자료 4-21. 아크스페이스 국가별 포트폴리오(2022년 5월 6일 기준)

ARKX Top 10 Countries

Country	Weight	Country	Weight
United States	81.68%	Germany	1.78%
France	5.89%	Sweden	0.30%
Japan	4.88%	Switzerland	0.25%
Hong Kong	2.57%	Belgium	0.23%
Israel	2.16%	United Kingdom	0.17%

출처 : https://www.etf.com/ARKX#overview

ARKX의 국가별 포트폴리오는 2022년 5월 6일 기준으로 미국 81.68%, 프랑스 5.89%, 일본 4.88%로 상위 3개국 비중이 92.45%입니다.

자료 4-22. 아크스페이스 ETF에 편입된 기업(2022년 5월 6일 기준)

ARKX Top 10 Holdings [View All]

Trimble Inc.	9.72%	Iridium Communicati...	5.73%
Kratos Defense & Se...	7.72%	Komatsu Ltd.	5.40%
3D Printing ETF	6.72%	Blade Air Mobility, In...	4.64%
AeroVironment, Inc.	6.72%	Dassault Systemes ...	3.02%
L3Harris Technologi...	6.01%	Deere & Company	2.97%
		Total Top 10 Weight...	58.64%

출처 : https://www.etf.com/ARKX#overview

ARKX ETF에 편입된 기업들을 몇 개만 살펴보겠습니다. 먼저 업무 프로세스 혁신을 돕는 기술 솔루션을 제공하는 비중 9.72%의 트림블이 있습니다. 다음으로는 7.72%의 비중을 차지하는 크라토스 디펜스 & 시큐리티가 있는데, 군사용 무인기를 포함해 무인 항공, 지상, 해상 지휘 제어 및 통신 시스템 사업을 진행하는 기업입니다. 또 글로벌 위성통신 서비스와 제품을 공급하는 기업인 이리디움 커뮤니케이션스가 5.73%의 비중을 차지합니다. 상위 10개 기업의 비중이 58.64%입니다.

인류가 1957년 10월 4일에 최초로 인공위성 스푸트니크 1호를 발사하면서 시작되어 60여 년 동안 이룩한 우주항공 분야의 발전은 달을 몇 번 다녀오고, 몇 번의 우주정거장을 만든 것이 전부입니다. 하지만 향후 우주산업 분야는 크게 달라질 것입니다. 내년부터 민간인의 우주여행이 본격화될 예정이며, 화성에 민간인 거주 프로젝트도 추진 중입니다. ARKX가 우주항공 기업들 중심의 ETF로서 향후 우주산업이 급격히 발달할 것으로 예상하는 가운데 향후 10년간 10배 이상 크게 상승할 것으로 예상합니다.

버진갤럭틱(SPCE), Virgin Galactic Holdings Inc

다음은 세계 최초 민간인 우주관광을 선도하고 있는 기업 버진갤럭틱홀딩스(Virgin Galactic Holdings)입니다. 현지 코드는 'SPCE'입니다.

자료 4-23. 버진갤럭틱홀딩스 기업 개요(2022년 5월 6일 기준)

종목명	버진갤럭틱홀딩스(Virgin Galactic Holdings)		
현지코드	SPCE	거래소	뉴욕거래소
시가총액	$1.75B(약 2조 2,315억 원)	상장일	2017. 9. 29
상장주식수	258,289,453	주가	$6.80
자본총액	$8.94억(약 1조 1,361억 원)	매출액	$329만(41억 원)
영업이익	- $3.08억(3,913억 원)	당기순이익	- $3.52억(4,483억 원)

출처 : Yahoo finance, Investing.com

버진갤럭틱홀딩스는 2017년 9월 29일에 뉴욕거래소에 상장됐으며, 2022년 5월 6일 기준 시가총액은 약 2조 2,315억 원이며, 2021년 말 기준 매출액은 41억 원, 영업이익은 3,913억 원 손실, 당기순이익은 4,483억 원 적자입니다.

자료 4-24. 버진갤럭틱홀딩스 보유 자산 운용사(2022년 5월 6일 기준)

주주명	주식수	비중
Virgin Investments, Ltd.	30,745,494	11.90%
The Vanguard Group, Inc.	16,961,503	6.57%
Mubadala Investment Company PJSC	11,055,359	4.28%
Palihapitiya(Chamath)	10,500,000	4.07%
SPDR S&P Aerospace & Defense ETF	8,296,268	3.21%

출처 : Yahoo finance, Investing.com

버진 인베스트먼트(Virgin Investments, Ltd.)가 지분 11.90%를 보유 중이며, 세계적인 투자 자산운용사인 뱅가드(The Vanguard Group, Inc.)가 지분 6.57%를 보유하고 있으며, 아랍에미레이트(UAE) 아부다비 정부가 전액 출자한 투자 회사인 무바달라 투자 회사(Mubadala Investment Company PJSC)가 4.28% 지분을 보유하고 있습니다.

지난 2006년부터 민간 우주여행을 목표로 리처드 브랜슨(Richard Branson) 버진그룹 회장이 끊임없이 도전한 끝에 2019년 10월에 소셜캐피탈 헤도소피아라는 기업이 지분 49%를, 리처드 브랜슨 버진그룹 회장이 51%를 보유하는 방식으로 민간 관광 기업 중 최초로 우회상장을 통해 뉴욕증권거래소에 상장됐습니다.

그 후 2021년 6월 25일에 미국 연방항공국(FAA)으로부터 첫 '우주관광' 면허를 받아서 2021년 7월, 본인이 직접 탑승해 첫 민간 우주관광에 성공했습니다. 우주선은 파일럿 2명이 조종하고, 승객은 최대 4명까지 태울 수 있으며, 현재까지 레오나르도 디카프리오(Leonardo DiCaprio), 브래드 피트(Brad Pitt), 저스틴 비버(Justin Bieber), 일론 머스크 등 약 800여 명이 예약 중이며, 2023년 2분기 본격적인 우주여행을 시작할 것으로 예정되어 있습니다. 아마존의 블루오리진도 연이어 우주여행에 성공했습니다.

버진갤럭틱홀딩스는 항공기업으로 개인 및 기업에 유인 우주비행 서비스를 제공하는 기업입니다. 고객들에게 수 분간 무중력 체험과 우주에서 바라본 지구의 경관 등 수일간의 우주경험을 제공하는 항공비행 시스템을 개발하는 데에 주력하고 있습니다. 버진갤럭틱홀딩스는 영국의 억만장자 리처드 브랜슨 버진그룹 회장이 이끄는 민간 우주탐사 기업으로 2004년에 설립됐습니다. 그 후로 고도를 차츰 높여가며 시험 비

자료 4-25. 버진갤럭틱 홈페이지 메인

출처 : 버진갤럭틱 홈페이지

행을 계속 해왔으며 2018년 12월 13일, 세계 최초로 상업 유인 우주선 시험 비행에 성공했습니다. 이 우주선은 미 공군과 NASA가 우주의 경계로 인식하는 82.7km 고도까지 시험 비행한 뒤 무사히 귀환했습니다.

리처드 브랜슨 버진그룹 회장이 '우주여행'이라는 목표로 17년 동안 매진한 결과, 2021년 7월 11일에는 마침내 자신이 소유한 버진갤럭틱의 우주비행선을 직접 타고 날아오른 뒤 무사히 지구로 귀환하며 직접 탑승한 첫 시험 비행을 성공적으로 마무리 지었습니다. 리처드 브랜슨은 당일 오전 7시 40분쯤(미국 서부 기준) 미국 뉴멕시코주 트루스에 위치한 다목적 시험기지 스페이스포트 아메리카에서 자신이 소유한 버진갤럭틱의 우주비행선 'VSS 유니티'를 타고 우주경계선으로 날아올랐습니다. 이륙부터 착륙까지 걸린 시간은 약 1시간, 브랜슨 회장은 20분가량 우주공간에 머물렀으며, 미세 중력 상태(중력이 거의 없는 상태)를 4분간 체험했습니다.

버진갤럭틱홀딩스는 2023년 1분기에 민간 우주비행사 상업 서비스를 시작할 예정입니다. 이에 앞서 2017년 7월 11일, 최초의 완전 유인 우주비행인 Unity 22를 성공적으로 완료했습니다. 이 비행에서는 객실 및 고객 경험 평가를 포함한 여러 테스트를 완벽하게 달성했습니다. 또한, 이 생중계를 전 세계 수천만 명이 시청했습니다. 회사는 민간 우주인 상업서비스 개시에 앞서 1,000명의 예약 목표를 밝혔는데, 2022년 5월 현재까지 약 800여 개가 판매 완료됐습니다.

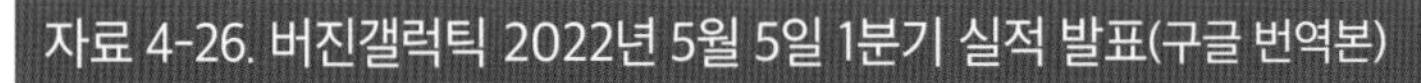
자료 4-26. 버진갤럭틱 2022년 5월 5일 1분기 실적 발표(구글 번역본)

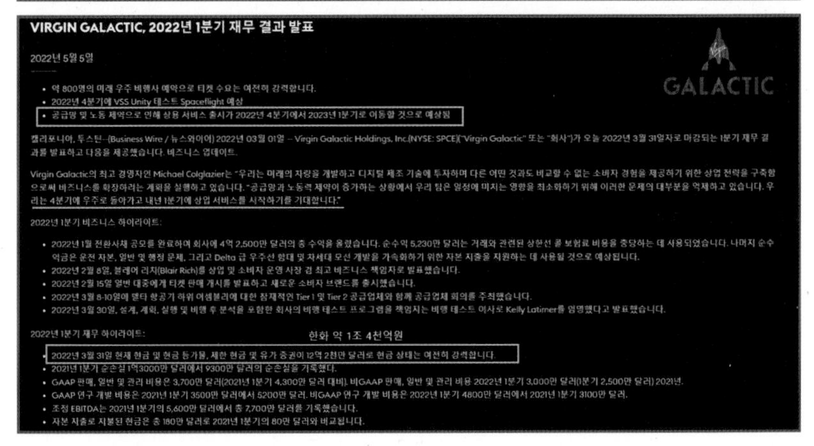
VIRGIN GALACTIC, 2022년 1분기 재무 결과 발표

2022년 5월 5일

- 약 800명의 미래 우주 비행사 예약으로 티켓 수요는 여전히 강력합니다.
- 2022년 4분기에 VSS Unity 테스트 Spaceflight 예상
- 공급망 및 노동 제약으로 인해 상용 서비스 출시가 2022년 4분기에서 2023년 1분기로 이동할 것으로 예상됨

캘리포니아, 투스틴--(Business Wire / 뉴스와이어) 2022년 03월 01일 -- Virgin Galactic Holdings, Inc.(NYSE: SPCE)("Virgin Galactic" 또는 "회사")가 오늘 2022년 3월 31일자로 마감되는 1분기 재무 결과를 발표하고 다음을 제공했습니다. 비즈니스 업데이트.

Virgin Galactic의 최고 경영자인 Michael Colglazier는 "우리는 미래의 차량을 개발하고 디지털 제조 기술에 투자하며 다른 어떤 것과도 비교할 수 없는 소비자 경험을 제공하기 위한 상업 전략을 구축함으로써 비즈니스를 확장하려는 계획을 실행하고 있습니다. "공급망과 노동력 제약이 증가하는 상황에서 우리 팀은 일정에 미치는 영향을 최소화하기 위해 이러한 문제의 대부분을 억제하고 있습니다. 우리는 4분기에 우주로 돌아가고 내년 1분기에 상업 서비스를 시작하기를 기대합니다."

2022년 1분기 비즈니스 하이라이트:

- 2022년 1월 전환사채 공모를 완료하여 회사에 4억 2,500만 달러의 총 수익을 올렸습니다. 순수익 5,230만 달러는 거래와 관련된 상한선 콜 보험료 비용을 충당하는 데 사용되었습니다. 나머지 순수익금은 운전 자본, 일반 및 행정 문제, 그리고 Delta 급 우주선 함대 및 차세대 모선 개발을 가속화하기 위한 자본 지출을 지원하는 데 사용될 것으로 예상됩니다.
- 2022년 2월 8일, 블레어 리치(Blair Rich)를 상업 및 소비자 운영 사장 겸 최고 비즈니스 책임자로 발표했습니다.
- 2022년 2월 15일 일반 대중에게 티켓 판매 개시를 발표하고 새로운 소비자 브랜드를 출시했습니다.
- 2022년 3월 8-10일에 델타 항공기 하위 어셈블리에 대한 잠재적인 Tier 1 및 Tier 2 공급업체와 함께 공급업체 회의를 주최했습니다.
- 2022년 3월 30일, 설계, 계획, 실행 및 비행 후 분석을 포함한 회사의 비행 테스트 프로그램을 책임지는 비행 테스트 이사로 Kelly Latimer를 임명했다고 발표했습니다.

2022년 1분기 재무 하이라이트:

한화 약 1조 4천억원

- 2022년 3월 31일 현재 현금 및 현금 등가물, 제한 현금 및 유가 증권이 12억 2천만 달러로 현금 상태는 여전히 강력합니다.
- 2021년 1분기 순손실 1억3000만 달러에서 9300만 달러의 순손실을 기록했다.
- GAAP 판매, 일반 및 관리 비용은 3,700만 달러(2021년 1분기 4,300만 달러 대비). 비GAAP 판매, 일반 및 관리 비용 2022년 1분기 3,000만 달러(1분기 2,500만 달러) 2021년.
- GAAP 연구 개발 비용은 2021년 1분기 3500만 달러에서 5200만 달러. 비GAAP 연구 개발 비용은 2022년 1분기 4800만 달러에서 2021년 1분기 3100만 달러.
- 조정 EBITDA는 2021년 1분기의 5,600만 달러에서 총 7,700만 달러를 기록했습니다.
- 자본 지출로 지불된 현금은 총 180만 달러로 2021년 1분기의 80만 달러와 비교됩니다.

출처 : 버진갤럭틱 홈페이지

2022년 5월 5일에 있었던 전년도 실적 발표에서는 2022년 3월 31일 현재 12억 2,000만 달러(약 1조 5,494억 원)의 현금 및 현금등가물과 유가증권을 보유 중인 것으로 발표했습니다. 현금보유는 여전히 충분한 상태입니다. 최고 경영자인 마이클 콜글래지어(Michael Colglazier)는 "우리는 미래의 차량을 개발하고 디지털 제조 기술에 투자하며 다른 어떤 것과도 비교할 수 없는 소비자 경험을 제공하기 위한 우주여행 상

업 서비스를 구축함으로써 비즈니스를 확장하려는 계획을 실행하고 있습니다. 공급망과 노동력 제약이 증가하는 상황에서 우리 팀은 일정에 미치는 영향을 최소화하기 위해 이러한 문제의 대부분을 억제하고 있습니다. 우리는 4분기에 마지막 테스트 비행을 하고, 내년 1분기에 상업 서비스를 시작하길 기대합니다"라고 말했습니다.

2030년 이후부터는 민간 우주여행이 연간 100여 회 이상 운행될 것이며, 2040년에는 우주산업 시장 규모가 1조 1,000억 달러(약 1,312조 원)까지 성장할 것으로 전망됩니다. 따라서 이 분야에서 가장 앞서가는 버진갤럭틱홀딩스의 향후 성장 가능성은 굉장히 큽니다. 10년 후 주가가 10배 이상 상승할 가능성이 큰 종목으로 가장 유력한 종목 중 하나입니다.

4

/

메타버스

메타버스(Metaverse)를 아시나요? 1992년 미국 SF작가 닐 스티븐슨의 소설 〈스노 크래시〉에 처음 등장한 개념인데, 이 소설에서 메타버스는 아바타를 통해서만 들어갈 수 있는 가상의 세계를 말합니다. 2003년 린든 랩(Linden Lab)이 출시한 3차원 가상 현실 기반의 '세컨드 라이프' 게임이 인기를 끌면서 점차 알려지게 됐습니다. 그 후 5G 상용화에 따른 정보통신 기술의 발달과 코로나19 팬데믹에 따라 비대면이 일반화되면서 더욱더 주목받게 됐습니다. 메타버스는 '가상', '초월' 등을 의미하는 'Meta'와 우주를 의미하는 'Universe'의 합성어로, 현실 세계와 같은 사회, 경제, 문화 활동이 이루어지는 3차원 가상 세계를 가리킵니다.

메타버스는 현실 세계와 가상 세계의 결합이 또 다른 세계가 되어 그 세계 안에서 서로 상호작용을 하면서 활동할 수 있습니다. 2020년 미국 대통령 선거에서 조 바이든 후보자는 닌텐도 '동물의 숲' 가상 현실 게임 안에서 선거 캠페인을 벌였고, 유권자들은 가상 현실 안경을 낀 채 가상 세계 유세 현장에 참여했습니다. 또한, 방탄소년단이 온라인 게임 포트나이트 안에서 신곡 '다이너마이트'를 실제 콘서트 현장처럼 발표했고, 코로나19로 인한 집합이 제한되면서 대학교 입학식을 메타버스 환경에서 진행하기도 했습니다. 이처럼 전 세계적인 코로나19 팬데믹으로 외부활동을 할 수 없게 되고, 가상 현실에서 사회, 경제활동을 해 벌어들인 화폐를 현실 세계로 가져 나올 수 있게 되면서 그 시장 규모는 상상을 초월할 정도로 점점 커지고 있습니다.

메타버스는 블록체인을 통해 NFT(대체불가능토큰)와 만나면서 미래 사회와 경제 질서를 바꾸어 놓을 것입니다. NFT는 메타버스의 문을 열 수 있는 특별한 가상의 열쇠가 될 수 있습니다. 실제로 NFT와 메타버스로의 통합은 가상 세계에서 근본적인 변화를 촉발시켰으며, 이것은 실제 세계까지 영향을 미치고 있습니다. 이러한 것들이 구찌(GUCCI)가 로블록스 게임을 통해 메타버스에서 새로운 소비자들을 모으기로 결심한 이유이기도 합니다. 구찌의 전략은 로블록스 게임에서 아바타들을 위해 한정판 '구찌 컬렉션' 가방, 안경, 모자들을 NFT로 제작해 판매하는 것입니다. 이 세계에서는 나이키, 디지털 그림, 그리고 게임을 하면 돈을 벌 수 있는 게임토큰까지 그 영역은 예상을 뛰어넘어 빠르게 진화하고 있습니다. 10년 후 깜짝 놀랄 만큼 성장할 메타버스 관련 주들에 대해 살펴보겠습니다.

엔비디아(NVDA), NVIDIA Corporation

아침에 일어나서 컴퓨터를 켜고 가상 세계로 출근해 그 속에서 회의하거나, 게임을 만들어 가상 세계에서 팔아서 돈을 벌거나, 독특한 디자인이나 예술품을 만들어 팔거나, 또는 현실과는 다르지만 현실에서 일어나는 것과 유사한 업무를 하면서 돈을 벌어서 현실 세계로 가져 나올 수 있는 것이 메타버스에서 가능하게 됐습니다. 카카오나 네이버와 같은 거대 포털사이트나, 플랫폼 기업들은 메타버스 세상에서 플랫폼을 만들려고 애쓰고 있습니다. 앞으로 세상은 가상 세상에서의 삶과 현실 세계에서의 삶의 경계가 모호해지는 세상이 열릴 것입니다.

1999년에 개봉된 〈매트릭스〉 영화를 처음 봤을 때는 도통 이해되지 않았습니다. 인간의 기억마저 AI에 의해 입력되고 삭제되는 세상, 진짜보다 더 진짜 같은 가상 세계 '매트릭스', 그 속에서 진정한 현실을 인식할 수 없게 지배되는 인간들이라니 대체 무슨 말인지 혼란스러웠던 기억이 있습니다. 그 후 19년이 흐른 2018년에 개봉된 영화 〈레디 플레이어 원〉에서 가상 현실 '오아시스'에서는 누구든 원하는 캐릭터로 어디든지 갈 수 있고, 뭐든지 할 수 있으며, 상상하는 모든 것이 가능합니다.

그런데 이 모든 것이 가상 현실에서 가능하려면 꼭 필요한 기술이 있습니다. 가상 현실, 증강 현실을 구현하기 위해서는 기존의 컴퓨터 CPU로는 제대로 구현할 수 없습니다. 이 CPU 기능 중에 그래픽 부분을 대신 처리해 컴퓨터 그래픽 연산 처리를 전담하는 반도체 코어 칩 또는 장치로서 영상정보처리, 가속화, 신호 전환, 화면 출력 등을 담당하는 획기적인 장치인 GPU를 만드는 기업이 바로 '엔비디아'입니다.

메타버스가 제대로 구현되려면 꼭 필요한 GPU를 제공하는 가장 중요한 메타버스 관련 주는 바로 '엔비디아'입니다. 저는 미래의 새로운 세상을 열어가는 메타버스 세상에서 가장 중요한 기업으로 '로블록스'보다 '엔비디아'를 우선으로 꼽았습니다.

자료 4-27. 엔비디아 기업 개요(2022년 5월 6일 기준)

종목명	엔비디아(NVIDIA Corp)		
현지코드	NVDA	거래소	나스닥 증권거래소
시가총액	$467.6B (약 594조 1,172억 원)	상장일	1999. 1. 22
상장주식수	2,504,014,351	주가	$186.75
자본총액	$26.6B (약 33조 8,105억 원)	매출액	$26.9B (34조 1,942억 원)
영업이익	$11.2B (14조 2,613억 원)	당기순이익	$97.52B (12조 3,899억 원)

출처 : Yahoo finance, Investing.com

엔비디아는 1999년 1월 22일에 나스닥 거래소에 상장됐으며, 2022년 5월 6일 기준 시가총액은 약 594조 1,172억 원이며, 2021년 말 기준 매출액은 34조 1,942억 원, 영업이익은 14조 2,613억 원, 당기순이

자료 4-28. 엔비디아 보유 자산운용사(2022년 5월 6일 기준)

주주명	주식수	비중
The Vanguard Group, Inc.	196,015,550	7.83%
Fidelity Management & Research Company LLC	153,688,475	6.14%
BlackRock Institutional Trust Company, N.A.	114,750,911	4.58%
State Street Global Advisors(US)	97,561,681	3.90%
Huang(Jen-Hsun)	84,421,722	3.37%

출처 : Yahoo finance, Investing.com

익은 12조 3,899억 원입니다.

엔비디아는 세계적인 투자 자산운용사인 뱅가드(The Vanguard Group, Inc.)가 지분 7.83%를 보유하고 있으며, 피델리티 매니지먼트사(Fidelity Management & Research Company LLC)가 6.14% 지분을 보유하고, 블랙록(BlackRock Institutional Trust Company, N.A.)이 4.58% 지분을 보유하고 있는 초우량기업입니다.

엔비디아는 그래픽 카드인 GPU로 유명한 기업으로 인공지능 컴퓨팅 회사입니다. 이 회사는 Graphics와 Compute & Networking의 두 부분을 통해 운영됩니다. Graphics 부문에는 GeForce 그래픽 처리 장치(GPU), GeForce NOW 게임 스트리밍 서비스 및 관련 인프라, 엔터프라이즈 워크스테이션 그래픽용 Quadro/NVIDIA RTX GPU, 클라우드 기반 비주얼 및 가상 컴퓨팅을 위한 vGPU(가상 그래픽 처리 장치) 소프트웨어, 인포테인먼트 시스템용 자동차 플랫폼 등의 게임 플랫폼용 솔루션이 포함됩니다.

Compute & Networking 부문에는 인공지능(AI), 고성능 컴퓨팅(HPC) 및 Mellanox 네트워킹 및 상호 연결 솔루션, 자동차 AI 조종석, 자율주행 개발 계약, 자율차량 솔루션, 로봇 및 기타 임베디드 플랫폼용 Jetson 등의 가속 컴퓨팅을 위한 데이터 센터 플랫폼 및 시스템이 포함됩니다. 이 회사의 플랫폼은 게임, 전문 시각화, 데이터 센터 및 자동차와 같은 시장을 대상으로 하고 있습니다. 메타버스를 대표하는 종목을 대부분 로블록스로 생각하는 분들이 많은데, 저는 엔비디아가 더 성장성이 크다고 생각합니다. 그 이유를 하나씩 살펴보겠습니다.

엔비디아는 대만계 미국인 젠슨 황이 설립한 회사입니다. 젠슨 황은 1993년 1월에 회사를 세웠고, 4월에 캘리포니아에서 사업을 시작했습니다. 1993년에 설립한 이래 고객에게 차별화된 가치를 제공하기 위해 막대한 노력을 기울였으며, 기존의 반도체 회사의 역할을 거부하고 시스템과 소프트웨어까지 자신들이 주도하는 확장된 사업 모델을 구축했습니다.

자료 4-29. 엔비디아 산타클라라 본사 전경

출처 : 엔비디아

엔비디아의 가장 큰 사업 영역은 비디오 게임을 위한 GPU(그래픽 처리장치)입니다. 게임에서 주로 쓰이는 3차원 그래픽 처리에는 일반적인 CPU(중앙 처리장치) 기술이 처리하기 힘든 막대한 연산 능력이 요구됩니다. 3차원 그래픽 하드웨어 시장에서 가장 먼저 주도권을 잡은 것은 엔비디아보다 1년 늦게 설립한 3dfx라는 회사였는데, 이 회사는 1996년에 출시한 첫 제품 부두(Voodoo)와 1998년 출시한 부두2로 경쟁사 제품을 압도하면서 큰 성공을 거두어 1998년에는 전체 시장의 80% 이상을 장악했습니다. 하지만 3dfx는 전성기로부터 불과 2년 만인 2000년에 경쟁사인 엔비디아에 자사의 모든 지적재산권을 매각하고 회사를 정리했습니다. 그 후 엔비디아는 3dfx가 떠난 시장을 석권해 현재 독립형 GPU 시장의 80% 이상을 차지하게 됐습니다.

엔비디아가 GPU 시장을 제패할 수 있었던 이유에는 드라마틱한 성공비결이 있는 것이 아니라 엔비디아가 개발한 신기술이 사용하기 쉬웠기 때문입니다. 반도체 개발에는 막대한 예산과 시간이 필요합니다. 그렇기에 사업성이 검증되지 않은 제품개발을 위해 리스크를 감수하고 쓰기 쉬운 신기술을 제공하는 것은 간단한 일은 아니었을 것입니다. 그런데도 엔비디아는 그렇게 했고, 결국 GPU 시장을 보란 듯이 제패했습니다.

자료 4-30. 지포스256

출처 : 엔비디아

엔비디아의 '쓰기 쉬운 신기술'은 바로 1999년 출시한 하드웨어 지포스256과 이를 지원하는 마이크로소프트의 소프트웨어 개발 도구 다이렉스3D였습니다. 지포스256은 PC 시장에서 최초로 T&L(Transform & Lighting) 기능을 탑재한 그래픽 카드였는데, T&L이란 3차원 그래픽을 처리할 때 바라보는 시점과 빛의 위치에 따라 물체가 어떻게 다르게 보이는지를 계산하는 기능을 말합니다. 지포스256 이전에는 전용 그래픽 카드가 아닌 컴퓨터 본체의 CPU가 T&L를 수행했지만, 그래픽 기술이 발전하면서 CPU가 아닌 그래픽 카드에서 T&L을 전담할 필요성이 커지게 됐습니다. 또한, 전용 그래픽 카드가 T&L을 담당하게 되면 성능이 낮은 CPU로도 높은 수준의 3차원 그래픽을 효율적으로 처리하는 효과를 볼 수 있게 됐습니다. 엔비디아는 이런 흐름을 읽어 누구보다 먼저 T&L 기능을 내장한 그래픽 카드를 출시해 역전에 성공할 수 있었습니다.

엔비디아가 어렵게 잡은 승기를 계속 이어갈 수 있게 된 것은 2004년에 스탠퍼드대 컴퓨터 공학박사인 이안 벅(Ian Buck)을 채용한 것이 신의 한 수가 됐습니다. 이안 벅은 스탠퍼드대에서 GPU로 그래픽이 아닌 다양한 연산, 특히 계산량이 극도로 많은 병렬 연산을 수행하는 연구를 진행했는데, GPU는 3차원 그래픽에 포함된 다양한 물체의 위치를 동시에 계산할 수 있도록 설계됐습니다. 이를 활용해 수많은 연산을 동시에 처리함으로써 CPU보다 훨씬 빠른 속도를 얻어낼 수 있게 됐습니다. 그래픽에 특화된 하드웨어를 일반적인 목적으로 사용한다는 뜻의 PGPU(General-Purpose computing on Graphics Processing Unit)라는 역설적 이름의 기술이 태동했습니다.

이안 벅은 자신의 연구를 확장해 쿠다(CUDA, Computer Unified Device Architecture)라는 소프트웨어 개발도구를 만들어냈습니다. CUDA는 개발자들이 엔비디아의 GPU를 활용해 다양한 병렬 연산을 CPU 대비 훨씬 더 빠른 속도로 처리할 수 있게 도와주었습니다. CUDA는 엔비디아가 독자적으로 개발한 소프트웨어였고, 엔비디아 GPU에서만 사용 가능했습니다. 엔비디아는 GPGPU 초창기부터 이안 벅의 팀을 중심으로 CUDA 및 CUDA를 기반으로 한 소프트웨어에 막대한 투자를 해

GPGPU를 사용하는 많은 개발자와 과학자가 CUDA 없는 GPGPU를 생각하기 어려울 정도로 CUDA에 익숙해지게 만들었습니다. 그 결과 이제는 자율주행, 인공지능(AI) 기반 응용프로그램에도 CUDA를 기반으로 한 개발 도구를 제공하면서 현재 인공지능 분야와 메타버스에 엔비디아를 빼놓곤 생각할 수 없게 됐습니다.

그렇게 엔비디아는 2020년 7월, 시가총액 기준 인텔을 제친 미국 반도체 회사 1위에 등극하며, 인공지능 시대가 열리는 현재 반도체 시장을 선도할 리더로 급부상했습니다. 그 이유를 정리하면 다음과 같습니다.

첫째, 남들보다 앞서 1999년 PC 최초 하드웨어 T&L인 새로운 하드웨어를 개발했습니다. 둘째, 새로운 하드웨어를 쉽게 사용할 수 있는 소프트웨어 생태계에 투자해 그래픽 처리장치(GPU) 시장을 일찌감치 제패했습니다. 셋째, GPU를 그래픽뿐만 아니라 비디오게임 시장을 넘어 전체 컴퓨터 시장으로 영역을 확대했습니다. 넷째, 새로운 하드웨어와 개발자들이 사용하기 쉬운 소프트웨어 생태계를 구축함으로써 확실한 고객가치를 창출했다는 것입니다. 엔비디아 성장 전략은 확실한 고객 가치를 기반으로 기존 산업 질서에 과감히 도전해 수익 극대화에 성공했습니다. 인공지능과 메타버스에서뿐만 아니라 AR, VR 그리고 Data 분야까지 엔비디아 없이는 무언가를 진행하는 것이 불가능합니다. 따라서 10년 후에는 엔비디아가 지금보다 10배 이상 성장해 애플의 시가총액을 능가할 것이라고 확신합니다.

로블록스(RBLX), Roblox Corp

로블록스는 누구나 아는 메타버스의 선두주자입니다. 미 대형금융사인 시티(Citi)의 애널리스트 제이슨 바지넷(Jason Bazinet)의 2022년 4월 6일자 CNBC 인터뷰에 따르면, 로블록스는 전략적 위치, 빠른 성장 및 제품력 향상 등을 비춰볼 때 매우 '매력적'이라며, 미국뿐만 아니라 미국 외에서도 급격한 성장 조짐을 보인다고 전했습니다. 로블록스의 경쟁사 메타의 광고기반 수익이 주로 미국 시장에 치우쳐 있는 것에 비해 로블록스는 보다 더 균형이 잡혀 해외 수익 비율이 훨씬 높습니다. 로블록스에 대해 상세히 살펴보도록 하겠습니다.

자료 4-31. 로블록스 기업 개요(2022년 5월 6일 기준)

종목명	로블록스(Roblox Corp Class A)		
현지코드	RBLX	거래소	뉴욕 거래소
시가총액	$25.3B(약 31조 1,082억 원)	상장일	2021. 3. 10
상장주식수	587,759,373	주가	$27.81
자본총액	$5.84억(약 7,430억 원)	매출액	$1.91B(2조 4,383억 원)
영업이익	- $4.19억(5,328억 원)	당기순이익	- $4.91억(6,246억 원)

출처 : Yahoo finance, Investing.com

로블록스는 2021년 3월 10일에 뉴욕 거래소에 상장됐으며, 2022년 5월 6일 기준 시가총액은 약 31조 1,082억 원이며, 2021년 말 기준 매출액은 2조 4,383억 원, 영업이익은 5,328억 원 손실, 당기순이익은 6,246억 원 적자입니다.

자료 4-32. 로블록스 보유 자산운용사(2022년 5월 6일 기준)

주주명	주식수	비중
Altos Ventures Management, Inc.	82,781,796	15.43%
Morgan Stanley Investment Management Inc. (US)	38,692,390	7.21%
Fidelity Management & Research Company LLC	25,990,948	4.85%
T. Rowe Price Associates, Inc.	21,880,043	4.08%
Index Ventures SA	21,064,787	3.93%

출처 : Yahoo finance, Investing.com

로블록스는 알토스 벤처 매니지먼트사(Altos Ventures Management, Inc.) 지분 15.43%, 모건 스탠리 인베스트먼트 매니지먼트사(Morgan Stanley Investment Management Inc.) 지분 7.21%, 피델리티 매니지먼트사(Fidelity Management & Research Company LLC) 지분 4.85%를 보유 중입니다. 로블록스 Class A는 기술 기업으로, 수십억 명의 사용자가 경험을 공유할 수 있는 가상 세계 경험 공유 플랫폼을 구축하고자 하는 기업입니다. 이 기업은 게임, 엔터테인먼트, 소셜미디어, 심지어 장난감에 이르기까지 영감을 주는 여러 분야에서 사용자들이 직접 콘텐츠를 개발함으로써 운영되는 플랫폼을 제공하고 있습니다

지역사회 참여 개발자들로부터 어떻게 이러한 경험이 만들어지는지부터 전 세계 사용자들이 이를 어떻게 즐기고 안전하게 접속할 수 있을지까지 로블록스 플랫폼의 공유 경험 지원 방식을 개선하는 데 주력하고 있습니다. 모든 사용자들은 로블록스 플랫폼상에서 자신이 되고 싶은 사람, 또는 어떠한 주체가 되어 교류하고 개성을 드러내는 아바타의 형태로 정체성을 갖게 됩니다.

로블록스는 미국의 게임 플랫폼이자 '메타버스'의 대표 격인 회사로

서 2004년에 설립됐고, '미국 초등학생의 놀이터'로 불리고 있습니다. 미국의 16세 미만 청소년의 55%가 로블록스에 가입해 있는데, 이들은 레고 모양의 아바타를 이용해 가상 세계 내에서 스스로 게임을 만들거나 다른 사람이 만든 게임을 즐기며 메타버스에 참여하고 있습니다. 로블록스는 2010년대 하반기에 빠르게 성장하기 시작했으며, 이러한 성장은 2020년대에 코로나19로 인한 팬데믹으로 외출을 못 하게 되면서 이용자가 급증했습니다. 로블록스는 무료로 플레이할 수 있으며, '로벅스(Robux)'라는 가상 화폐를 통해 게임 내에서 여러 가지 아이템을 구매할 수 있습니다. 2021년 5월, 로블록스는 570만 명의 최대 동시접속자를 달성했고, 월 1억 6,400만 명 이상의 사용자가 게임을 플레이하는 세계 최대 메타버스 가상 공간입니다. 이용자는 지속해서 늘고 있으며, 미국 어린이의 절반 이상이 로블록스를 플레이하는 등 전 세계적으로 이용자가 급증하고 있습니다.

자료 4-33. 로블록스 홈페이지

출처 : 로블록스

2021년 5월 기준, 로블록스에서 가장 인기 있는 게임은 매월 1,000

만 명 이상의 유저가 플레이하고 있으며, 2020년 8월 기준으로 최소 20개의 게임이 10억 회 이상 플레이됐고, 최소 5,000개의 게임이 100만 회 이상 플레이됐습니다. 또한, 2021년 5월 17일 기준으로 로블록스 내에는 적어도 4,000만 개 이상의 게임들이 존재합니다.

로블록스는 사용자가 자체 게임 엔진인 '로블록스 스튜디오(Roblox Studio)'를 사용해 자신만의 게임을 만들고, 자신이 만든 게임을 다른 사용자가 플레이할 수 있도록 하면서 세계적으로 유행하는 메타버스의 새로운 장을 열었습니다. 게임은 게임 환경을 조작하기 위해 프로그래밍 언어 루아 5.1.4를 사용하는 객체 지향 프로그래밍 시스템에서 운영됩니다. 여기서 사용자는 '게임 패스(Gamepass)'로 알려진 일회성 구매와 '개발자 제품' 또는 '제품'으로 알려진 한 번 이상 구매할 수 있는 소액 결제를 통해 구매 가능한 콘텐츠를 만들 수 있습니다. 구매 수익의 일정 비율은 개발자와 로블록스 코퍼레이션과 나누어 분배됩니다. 현재 로블록스 스튜디오를 사용해 제작된 대부분의 게임은 미성년자들이 개발했으며, 이를 사용해 연간 총 2,000만 개의 게임이 제작되고 있습니다.

최근 5G에 이어 6G까지 인터넷 속도가 초고속화했고, 여기에 가상 현실과 증강 현실 기술의 급속한 발전과 클라우드 컴퓨팅 시스템, 빅데이터 분석기술, IoT, GPS 등 기술 발전이 메타버스라는 새로운 가상 현실을 만들고 있습니다. 이처럼 새로운 형태로 구현되고 있는 메타버스 기술이 초기와 다른 점은 가상 현실, 증강 현실 기술에 블록체인 기술을 접목해 가상 공간에서 획득한 재화를 NFT를 통해 현실 세계로 가져 나올 수 있게 된 것입니다. 이처럼 로블록스는 '메타버스'라는 새로운 세상을 열었습니다. 지금은 초기 단계이지만, 이대로 성장한다면 10년 후에는 미래 세계를 주도할 것이 확실합니다.

5

무인항공기(드론)

무인항공기란 조종사가 탑승하지 않고 무선조종기를 이용해 원격조종(Remote Piloted)하거나 사전에 프로그램된 경로에 따라 자동 또는 반자동 형식으로 자율비행하는 등으로 임무를 수행하는 비행체를 말합니다. 다른 말로 '드론'이라고도 합니다. 요즘은 드론이라고 하면 프로펠러 4개가 달린 멀티로터를 떠올리는데, 이런 유형의 무인기가 워낙 널리 보급됐기 때문입니다. 미국에서 이런 소형 멀티로터인 드론이 팔린 것이 100만 대가 넘는다고 합니다.

무인항공기는 독립된 체계 또는 위성이나 지상 체계들과 연동시켜 운용합니다. 활용 분야에 따라 광학, 적외선, 레이다 센서 등과 같은 다양한 장비를 탑재해 감시, 정찰, 정밀공격무기 유도, 통신, 촬영 등 다양한 임무를 수행합니다. 군사적으로는 폭약을 장전시켜 정밀무기로 개발되어 실용화되고 있고, 미래에는 더욱더 주요 군사력 수단으로 발전될 것입니다.

자료 4-34. 드론

출처 : unsplash.com

세계적 물류업체 아마존은 2017년 6월, 드론 이착륙 센터에 대한 특허를 출원하고 상업적으로 배달하는 데 적극 사용하고 있습니다. 그 외 방송국이나 개인 크리에이터들도 드론을 적극적으로 촬영에 이용하는 추세입니다. 많은 군사 전문가들은 무인 체계가 미래전력의 핵으로 부상할 것으로 예상합니다. 세계 각국은 앞다투어 무인 체계 분야에서 스텔스, 무장, 전략·전술 감시, 항모 수직이착륙, 초음속 등 다양한 기술을 선보이고 있는데, 항공우주산업 분야에서 가장 빠른 성장세를 기록하고 있으며, 향후 엄청나게 확장할 것으로 예상합니다.

2013년 12월에 개봉된 〈엔더스게임〉이란 영화를 보면, 과거 지구를 침공한 적 있는 외계인들은 지구인들의 전략과 전술을 완전히 꿰뚫고 있었습니다. 이에 외계인이 전혀 예측할 수 없는 새로운 전략과 전술로 전쟁에서 이기기 위해 어린 소년과 소녀들로 구성된 드론 전투단을 만

들어 수만 대의 드론을 조종했습니다. 전쟁을 수행하는 훈련을 받던 중에 마지막 테스트인 시뮬레이션 전쟁으로 외계인과 실전에 버금가는 전투를 벌여 이겼는데, 알고 보니 실제 전쟁이었다는 내용의 영화를 보고 매우 놀랐던 적이 있습니다. 향후 미래의 공중전은 지상이나 공중 통제기에 게임처럼 병사들이 앉아서 드론을 조정해 공중전을 치르게 될 날이 머지않아 올 것으로 예상합니다.

크라토스 디펜스(KTOS), Kratos Defense & Security Solutions, Inc.

2005년에 개봉한 영화 〈스텔스〉는 미군이 극비로 운용하는 인공지능(AI)이 탑재된 무인스텔스 전투기가 출현합니다. 이것은 스스로의 판단으로 이착륙은 물론, 목적지에 가서 폭격도 하고, 심지어 적기와 공중전도 훌륭히 수행합니다. 수년 전부터 미 공군은 크라토스 디펜스 앤 시큐리티의 발키리 무인 스텔스 전투기와 F22 랩터, F-35A 라이트닝2 유인 스텔스 전투기 등 최첨단 전투기들이 합동 훈련을 하고 있습니다. 영화에 나오는 '스텔스' 수준까지는 아니더라도 지상에서 조종하는 스텔스 전투기가 실전에 배치됐습니다. 지금부터 공격용 무인기 분야 세계 최고 수준인 '크라토스 디펜스 앤 시큐리티' 기업을 집중 분석하겠습니다.

자료 4-35. 크라토스 디펜스 앤 시큐리티 기업 개요(2022년 5월 6일 기준)

종목명	크라토스 디펜스 앤 시큐리티(Kratos Defense & Security Solutions, Inc.)		
현지코드	KTOS	거래소	나스닥 증권거래소
시가총액	$1.75B(약 2조 2,372억 원)	상장일	1999. 11. 5
상장주식수	124,997,920	주가	$14.01
자본총액	$9.45억(약 1조 2,073억 원)	매출액	$8.11억(1조 366억 원)
영업이익	$5,500만(707억 원)	당기순이익	$10만(1.2억 원)

출처 : Yahoo finance, Investing.com

크라토스 디펜스 앤 시큐리티는 1999년 11월 5일에 나스닥 증권거래소에 상장됐으며, 2022년 5월 6일 기준 시가총액은 약 2조 2,372억 원입니다. 2021년 말 기준 매출액은 1조 366억 원, 영업이익은 707억 원, 당기순이익은 1.2억 원입니다. 전년도까지 실적은 부진했지만, 러시아의 우크라이나 침공으로 인해 안보에 위협을 느낀 세계 각국에서 공격용 무인기 구매를 서두르고 있어 향후 수년간 실적이 급성장할 것으로 기대됩니다.

자료 4-36. 크라토스 디펜스 앤 시큐리티 보유 자산운용사(2022년 5월 6일 기준)

주주명	주식수	비중
The Vanguard Group, Inc.	11,248,811	9.00%
ARK Investment Management LLC	8,572,095	6.86%
BlackRock Institutional Trust Company, N.A.	8,435,464	6.75%
ARK Autonomous Technology & Robotics ETF	6,808,904	5.45%
Capital International Investors	4,582,254	3.67%

출처 : Yahoo finance, Investing.com

크라토스 디펜스 앤 시큐리티는 세계적인 투자 자산운용사인 뱅가드(The Vanguard Group, Inc.)가 지분 9.00%를 보유하고 있고, 돈나무 언니로 유명한 아크 인베스트먼트 매니지먼트사(ARK Investment Management LLC)에서 지분 6.86%를 보유하고 있으며, 블랙록(BlackRock Institutional Trust Company, N.A.)이 6.75% 지분을 보유하고 있습니다.

크라토스 디펜스는 1994년 12월 19일에 설립됐으며, 캘리포니아 샌디에이고에 본사가 있고, 군에서 목표물 훈련에 사용되는 무인항공기 제조 분야 세계 1위 기업입니다. 이 기업은 미국 국방부에 기술 시스템을 제공하는 일을 하고 있습니다. 미국 국가 안보 관련 고객, 동맹국 및 상업 기업을 위해 혁신적이고 저렴한 비용으로 기술과 플랫폼 및 시스템을 개발하고 제공합니다. 그리고 사전 조사 및 간소화된 개발 프로세스를 포함해 입증된 상업 및 벤처 자본 지원 접근 방식을 통해 이런 산업을 위한 획기적인 기술이 시장에 빠르게 출시되고 있는 방식을 아예 바꾸고 있습니다. 무인 시스템, 위성통신, 사이버 보안 및 전쟁, 마이크로파 전자, 미사일 방어, 극초음속 시스템, 훈련 및 전투 시스템 개발 및 솔루션을 정부에 제공합니다. 정부 솔루션 부문에는 마이크로웨이브 전자제품, 위성통신, 모듈식 시스템 및 로켓지원 운영이 포함됩니다. 무인 시스템 부문은 무인항공 시스템과 무인 지상 및 해상 시스템 사업으로 구성됩니다.

자료 4-37. XQ-58A 발키리, BQM-167A 공중표적기

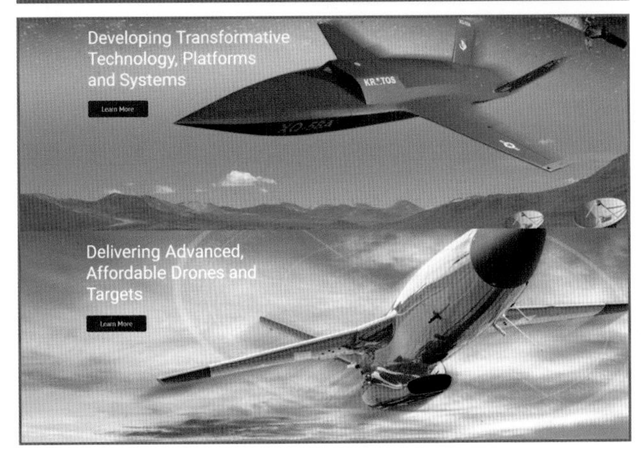

출처 : 크라토스 디펜스 앤 시큐리티 홈페이지

경제전문매체 CNBC에 따르면, 캐시우드의 아크 인베스트먼트는 군용드론 및 무인전투기 업체 '크라토스 디펜스 앤 시큐리티'의 지분을 늘리고 있으며, 이 회사가 운용하는 ETF 중 하나인 ETF ARKQ에서 비중이 네 번째로 큽니다.

골드만 삭스는 최근 크라토스 디펜스의 우주 및 위성사업부가 전체 매출에서 큰 비중을 차지한다고 밝혔는데, 현재 크라토스가 주력하고 있는 것은 자율비행 전술 드론 사업을 성장시키는 것이라고 합니다. 크라토스 디펜스 앤 시큐리티는 군에서 목표물 훈련에 사용되는 무인항공기 제조 분야 세계 1위 기업입니다.

무인 공격기 드론은 현대전에서 혁혁한 공을 세우고 있습니다. 2001년 9·11 테러의 배후로 지목된 오사마 빈 라덴(Osama bin Laden)을 2011년 5월에 사살할 때 은신처를 찾아내는 데 드론이 공중에서 감시하며 결정적 증거를 확보했으며, 2019년 10월 시리아에서 IS 창시자로 알려진 아부 바크르 알바그다디(Abu Bakr al-Baghdadi)를 최초 포착한 것도 드

론의 도움이 있었습니다. 드론의 활약은 점점 더 확대되고 있으며, 향후에는 공중전도 조종사 없이 드론들끼리 공중전을 펼치게 될 것입니다.

2020년 12월 9일, 미국 애리조나주 성능평가 시험장에서 XQ-58A 발키리 무인스텔스 전투기는 이날 처음으로 유인 스텔스 전투기들과 편대비행을 했습니다. 이날 훈련에서 가장 중점을 주었던 것은 기존의 스텔스 전투기와 잘 호환되는지를 검증하는 것이었습니다. XQ-58A 발키리의 궁극적 목표는 '자율 공중전'입니다, 영화 '스텔스'에 등장한 인공지능(AI) 탑재 스텔스 전투기처럼 스스로 판단해서 적 전투기와 교전할 수 있게 만드는 것입니다. 테슬라모터스 일론 머스크는 "이제 인간 전투기 조종사는 사라질 것"이라는 전망을 내놓기도 했습니다. 미국, 영국, 일본이 2035년 실전 배치한다는 6세대 전투기 옆에 AI를 탑재한 무인 스텔스 전투기가 자리를 차지할 것이라는 데 군사전문가들은 동의하고 있습니다. 그때는 AI 탑재 무인 스텔스 전투기가 적진에 먼저 들어가 정찰하거나 레이더기지, 대공포대 제거 등의 임무는 충분히 수행할 것이며, 나아가 공중전도 치를 수 있을 것입니다.

2020년 8월 18일부터 20일까지 미 고방위고등연구계획국(DARPA)은 존스홉킨스대 응용물리연구소(APL)에서 전투기 조종사와 AI 조종사 간 모의 공중전을 벌였는데, 결과는 5대 0으로 인간의 참패였습니다. 전투기 조종사는 단 한 발의 기총도 맞추지 못하고 격추당했다고 합니다.

최첨단 무기의 첨병에 있는 크라토스 디펜스 앤 시큐리티는 방위산업 분야에서 점점 더 영향력이 커질 것이며, 10년 후에는 아무도 예측할 수 없을 만큼 성장할 것이 확실합니다. 10년 후 10배 상승할 종목은 최첨단 무인공격기 세계 1위 방산업체인 크라토스 디펜스 앤 시큐리티입니다.

에어로바이런먼트(AVAV), AeroVironment.Inc

우크라이나가 러시아 침공에 맞서 매우 효율적으로 저항하고 있는 가운데 비교적 열세에 있는 우크라이나군이 드론을 사용해 러시아 장갑차 등에 효과적인 공격을 하고 있어 드론이 전쟁의 규칙을 다시 쓰고 있다고 IT 매체 씨넷이 최근 보도했습니다. 씨넷에 따르면 상업용 쿼드콥터에서 고정익 군용 모델에 이르기까지 드론은 우크라이나전에서 러시아에 대항하는 주요 무기로 활용되고 있습니다. 우크라이나군은 이번 전쟁에서 약 1,000개의 드론을 사용하고 있다고 군 관계자는 추산하고 있습니다. 시장 조사기관 더비즈니스 리서치 컴퍼니 자료에 따르면, 전 세계 군용드론 시장은 2021년 130억 달러(약 15조 원)에서 2026년 180억 달러로 매년 약 7%씩 증가할 것으로 전망했습니다.

자료 4-38. 각종 군사용 드론

출처 : 에어로바이런먼트 홈페이지

미국 국방부에서 에어로바이런먼트사의 '스위치블레이즈', '푸마' 같은 100대 이상의 소형 군용 드론을 우크라이나에 지원하기로 하면서 에어로바이런먼트 주가가 최근 100% 이상 급등했습니다. 향후 급성장할 것으로 예상하는 군사용 드론 시장에서 최강자 자리를 놓고, 대형 공격용 드론의 '크라토스 디펜스 앤 시큐리티'와 겨루고 있는 중소형 공격용 드론을 주로 생산하는 '에어로바이런먼트'기업에 대해 상세히 알아보겠습니다.

자료 4-39. 에어로바이런먼트 기업 개요(2022년 5월 6일 기준)

종목명	에어로바이런먼트(AeroVironment Inc)		
현지코드	AVAV	거래소	나스닥 증권거래소
시가총액	$2.02B(약 2조 5,860억 원)	상장일	2007. 1. 23
상장주식수	24,914,333	주가	$81.25
자본총액	$6.12억(약 7,819억 원)	매출액	$3.94억(5,045억 원)
영업이익	$6,200만(799억 원)	당기순이익	$2.300만(298억 원)

출처 : Yahoo finance, Investing.com

에어로바이런먼트는 2007년 1월 23일에 나스닥 증권거래소에 상장됐으며, 2022년 5월 6일 기준 시가총액은 약 2조 5,860억 원이고, 2021년 말 기준 매출액은 5,045억 원으로 전년 대비 7.5% 늘었으며, 같은 기간 영업이익은 799억 원으로 전년 대비 8.1% 감소했습니다.

다음의 자료 4-40을 보면, 에어로바이런먼트는 세계적인 투자 자산운용사인 블랙록(BlackRock Institutional Trust Company, N.A.)이 지분 13.89%를 보유했고, 뱅가드(The Vanguard Group, Inc.)가 지분 9.99%를 보유했으며, 아메리칸 캐피탈 매니지먼트사(American Capital Management, Inc.)가 지분 6.08%를 보유하고 있습니다.

자료 4-40. 에어로바이런먼트 보유 자산운용사(2022년 5월 6일 기준)

주주명	주식수	비중
BlackRock Institutional Trust Company, N.A.	3,461,191	13.89%
The Vanguard Group, Inc.	2,489,062	9.99%
iShares Core S&P Small-Cap ETF	1,650,624	6.63%
American Capital Management, Inc.	1,515,438	6.08%
Sumitomo Mitsui Trust Bank, Limited	1,371,808	5.51%

출처 : Yahoo finance, Investing.com

에어로바이런먼트는 주로 미국 국방성 내의 조직에 무인항공기 시스템(UAS), 전술 미사일 시스템 및 관련 서비스를 제공하고 있습니다. 동사가 미 특수작전사령부에 공급하는 공격용 드론 '스위치블레이드'는 카메라와 폭발물, 유도 시스템 등을 갖고 있습니다. 공격 대상에 따라 사람을 겨냥하는 '스위치블레이드300'과 탱크 장갑차 등을 파괴하는 '스위치블레이드600' 등이 있습니다. 1회용 무기인 '스위치블레이드'는 목표물을 자동으로 타격할 수 있도록 설계되어 '자폭드론'이라고 불립니다. '스위치블레이드300' 가격은 대당 6,000달러 정도로 추정됩니다. 이번 우크라이나 전쟁에서 파괴된 러시아 탱크 1,000여 대 중 상당수는 드론 공격에 의한 것으로 봐서 앞으로 전쟁의 가장 중요한 축은 공격용 드론이 담당할 것으로 예상해 그 중요도는 점점 커질 것이 확실합니다. 10년 후 드론의 수요는 지금보다 훨씬 커질 것이 확실하므로, 주가는 10배 이상 상승할 것으로 예상합니다.

6

블록체인

1980년대 초 중학생 때 '상업'이란 과목을 배웠는데, 당시 선생님이 학교에서 온라인 송금에 대해 흥분하며 설명해주시던 모습이 아직도 생생합니다. 당시에는 송금하려면 우체국에 가서 송금환으로 바꿔서 우편을 통해 타 도시에 있는 사람에게 송금할 수 있었습니다. 그런데 통장이 없이 은행에 가서 송금할 돈과 이것을 받을 상대방 계좌번호를 적어 주면 상대방 계좌에 입금이 되어 바로 찾을 수 있다는 설명이었던 것으로 어렴풋이 기억납니다. 지금은 당연하지만, 당시에는 이것이 획기적이었습니다. 이제는 발전에 발전을 거듭해 PC나 핸드폰에서 온라인뱅킹으로 간단하게 송금할 수 있습니다. 그런데 어떤 방법을 택하던 반드시 금융회사의 시스템을 거쳐야 해서 자금의 흐름이 드러나게 됩니다. 대부분 일반인은 그러려니 하지만, 이것을 불편하게 여기는 사람들도 많았나 봅니다.

2008년 세계 금융위기가 일어났을 때 많은 사람이 국가와 은행을 불신하게 되면서 '사토시 나카모토(中本哲史)'라는 닉네임을 가진 사람이 논문을 발표했는데, 이것이 기존의 방식과는 전혀 다른 획기적인 것이었습니다. 국가가 발행하거나 통제하지 않으며, 제삼자의 보증 없이 탈중앙적이고, 전혀 새로운 화폐인 개인 간 전자화폐 시스템에 대한 이론을 발표했습니다. 여기서 이 전자화폐가 비트코인이고, 이것을 작동시킬 기반으로 블록체인 기술을 설명했습니다.

블록체인 기술은 모든 비트코인 사용자는 P2P(개인 대 개인) 네트워크에 접속해 똑같은 거래장부 사본을 나눠 보관합니다. 새로 생긴 거래내역을 거래장부에 써넣는 일도 사용자가 하는데, 이들은 10분에 한 번씩 모여 거래 장부를 최신 상태로 갱신합니다. 모든 비트코인 사용자는 가장 최근 10분 동안 돈을 주고받은 내역을 갖고 있던 거래장부 끝에 더하는데, 기존 장부와 다르거나 삭제된 부분이 있을 경우 다른 사람이 가진 멀쩡한 장부를 복제해 빈 곳을 메웁니다. 이때 몇몇 사람이 멋대로 장부를 조작할 수 없도록 과반수가 인정한 거래내역만 장부에 기록합니다.

최근 거래내역을 적어 넣었으면, 새로 만든 거래장부를 다시 모든 비트코인 사용자가 나눠 가집니다. 이런 작업을 10분에 한 번씩 반복하는데, 이때 10분에 한 번씩 만드는 거래내역 묶음을 '블록(block)'이라고 부릅니다. 블록체인은 블록이 모인 거래장부 전체를 가리킵니다. 비트코인은 처음 만들어진 2009년 1월부터 지금까지 이루어진 모든 거래내역을 블록체인 안에 쌓아두고 있습니다. 지금도 전 세계 비트코인 사용자는 10분에 한 번씩 비트코인 네트워크에서 만나 블록체인을 연장하고 있습니다. 물론 이런 작업을 사용자가 직접 하는 것은 아닙니다. 비트코인 네트워크에 연결된 컴퓨터가 알아서 처리합니다. 사용자는 자기 컴퓨터를 비트코인 네트워크를 유지하는 데 품앗이하는 셈입니다. 이 블록체인 기술이 자리 잡으면서 세상은 또 다른 대변혁이 일어나고 있습니다.

블록체인 기술로 인해 '대체불가능토큰(NFT Non-Fungible Token)'이 만들어졌습니다. 이것은 희소성을 갖는 디지털 자산을 대표하는 토큰을 말하는데, NFT는 블록체인 기술을 활용하지만, 기존의 가상 자산과 달리 디지털 자산에 별도의 고유한 인식 값을 부여하고 있어 상호교환이나 복제가 불가능합니다. 이것은 자산 소유권을 명확히 함으로써 게임, 예술품, 부동산 등의 기존 자산을 디지털 토큰화하는 수단이 되면서 희소성과 유일성이란 가치를 부여할 수 있으므로 최근 디지털 예술품, 온라인 스포츠, 게임 아이템 거래 분야 등을 중심으로 그 영향력이 급격히 높아지고 있습니다. 대표적으로 디지털 아티스트 '피플'이 만든 10초짜리 비디오 클립은 온라인에서 언제든지 무료로 시청할 수 있지만, 2021년 2월 NFT 거래소에서 660만 달러(한화 약 850억 원)에 판매됐습니다. 또 테슬라 최고경영자 일론 머스크의 전 아내이자 가수인 그라임스(Grimes)는 2021년 3월, NFT 기술이 적용된 '워 님프'라는 제목의 디지털 그림 컬렉션 10점을 온라인 경매에 부쳤는데, 20분 만에 580만 달러(한화 약 75억 원)에 낙찰되기도 했습니다. 이처럼 NFT로 이미지와 영상, 음악, 문서 등 디지털 코드로 구현할 수 있는 대상을 복사가 불가능한 고유한 존재로 만들어 한정판 디지털 제품으로 가치가 높아지게 만드는 것이 블록체인 기술입니다. 앞으로 이 블록체인 기술은 점점 더 발전해 밀접하게 쓰일 것이 확실합니다. 따라서 블록체인 관련 산업도 10년 후에 매우 크게 성장할 산업이 확실합니다.

BLOK, Amplify Transformational Data Sharing ETF

BLOK는 주로 블록체인 기술에 중점을 둔 글로벌 주식으로 구성되어 적극적으로 관리되는 포트폴리오입니다. 현지 코드는 BLOK입니다.

자료 4-41. BLOK 기업 개요(2022년 5월 6일 기준)

종목명	Amplify Transformational Data Sharing ETF		
현지코드	BLOK	거래소	뉴욕 거래소
시가총액	$6.37억(약 8,293억 원)	상장일	2018. 1. 16
관리자산	$6.87억(약 8,943억 원)	주가	$21.30(2022. 5. 12)
상장사		일일평균거래량	$1,162만(151억 원)

출처 : https://www.etf.com/BLOK#overview

BLOK는 2018년 1월 16일에 뉴욕거래소에 상장됐으며, 블록체인 관련 ETF로 운용자산 6.87억 달러(약 8,943억 원) 규모로 2022년 5월 6일 기준 일일 평균거래량은 1,162만 달러(약 151억 원)입니다. 시가총액은 약 8,293억 원입니다.

BLOK는 주로 블록체인 기술에 중점을 둔 '변형 데이터 공유 기술'을 개발하거나 사용하는 회사에 투자해 총수익을 추구합니다. 비트코인을 구동하는 기술인 블록체인은 비즈니스 환경에서 거래 기록 및 자산 추적을 용이하게 하는 분산된 P2P 원장입니다. 이 펀드는 적격 기업을 두 그룹으로 추가 분류합니다. 첫 번째는 70%의 비중을 차지하는 핵심은 데이터 공유 기술을 개발하거나 수익성 있게 배포해 직접적인 수익을 창출하는 기업입니다. 두 번째는 포트폴리오의 나머지 30%를 차지하는 기업과 파트너 관계를 맺은 기업입니다. 또는 그러한 회사에 투자했습니다.

자료 4-42. BLOK 국가별 포트폴리오(2022년 5월 6일 기준)

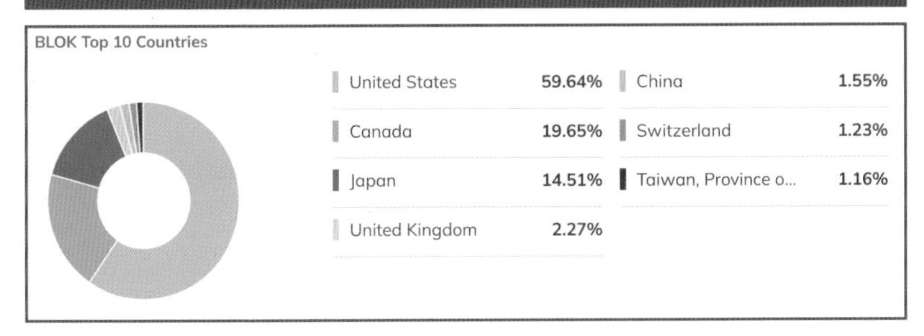

출처 : https://www.etf.com/BLOK

BLOK의 국가별 포트폴리오는 2022년 5월 6일 기준으로 미국 59.64%, 캐나다 19.65%, 일본 14.51로 상위 3개국 비중이 93.8%입니다.

자료 4-43. BLOK ETF에 편입된 기업(2022년 5월 6일 기준)

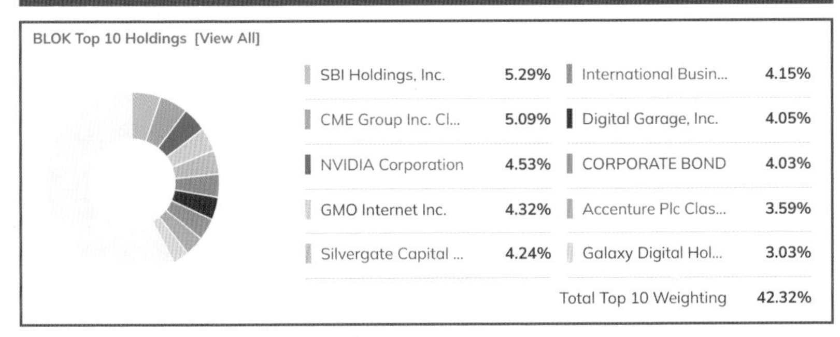

출처 : https://www.etf.com/BLOK

BLOK ETF에 편입된 기업들을 몇 개만 살펴보겠습니다. 먼저 캐나다 지주사 SBI Holdings가 지분 5.29%를 보유했고, GPU, 반도체, 블록체인의 대표 기업 엔비디아가 비중 4.53% 등 상위 10개 기업이 42.32%를 보유하고 있습니다. 향후 10년간 블록체인 산업을 급성장할 것이며, 따라서 관련 기업들뿐만 아니라 ETF도 크게 상승할 것이 확실시되고 있습니다.

BLCN, Siren Nasdaq NexGen Economy ETF

BLCN은 블록체인 기술을 개발, 연구 또는 사용하는 글로벌 기업의 지수를 추적합니다.

자료 4-44. BLCN 기업 개요(2022년 5월 12일 기준)

종목명	Siren Nasdaq NexGen Economy ETF		
현지코드	BLCN	거래소	나스닥 거래소
시가총액	$1.5억(약 2,011억 원)	상장일	2018. 1. 17
관리자산	$1.3억(1,690억 원)	주가	$28.13(2022. 5. 12)
상장사	SRN Advisors	일일평균거래량	$899K(11.6억 원)

출처 : https://www.etf.com/BLCN

BLCN은 2018년 1월 17일에 나스닥 거래소에 상장됐으며, 블록체인 관련 ETF로 운용자산 1.3억 달러(약 1,690억 원) 규모로 2022년 5월 12일 기준 일일 평균거래량은 899K 달러(약 11.6억 원)입니다. 시가총액은 약 2,011억 원입니다.

BLCN은 블록체인 기술에 중점을 둔 최초의 ETF 중 하나입니다. 이 펀드는 블록체인 개발에 전념하는 글로벌 기업의 지수를 추적합니다. 액티브 펀드는 아니지만, 지수 위원회는 기업 선택에 있어 폭넓은 재량권을 가지고 있습니다. 회사를 평가하는 데 사용되는 주요 기준은 블록체인 기술의 사용을 연구, 개발, 지원 및 확장하는 데 투입한 물질적 자원의 수준입니다. 모든 기준은 결국 블록체인 점수를 형성하기 위해 롤업됩니다. 이 지수는 50~100개의 최고 득점 기업을 포함하며, 고득점 기업에 더 큰 가중치를 부여합니다. 블록체인 기술은 다양한 산업 분야에서 사용되기 때문에 BLCN은 여러 부문에 노출될 수 있습니다. 지수는 반기마다 재구성되고 재조정됩니다.

자료 4-45. BLCN 국가별 포트폴리오(2022년 5월 12일 기준)

BLCN Top 10 Countries

United States	58.42%	China	3.73%
Japan	12.66%	United Kingdom	1.78%
Canada	7.01%	India	1.77%
Hong Kong	4.93%	Switzerland	1.61%
Germany	3.83%	Korea, Republic ...	1.55%

출처 : https://www.etf.com/BLCN#overview

BLCN의 국가별 비중은 미국 58.42%, 일본 12.66%, 캐나다 7.01%로 상위 3개국 비중이 78.09%를 차지합니다.

자료 4-46. BLCN ETF에 편입된 기업(2022년 5월 12일 기준)

BLCN Top 10 Holdings [View All]

Plus500 Ltd.	2.29%	Hitachi,Ltd.	2.15%
Fujitsu Limited	2.29%	Advanced Micro...	2.14%
Mastercard Inco...	2.26%	SBI Holdings, Inc.	2.11%
American Expre...	2.22%	GMO Internet Inc.	2.10%
Visa Inc. Class A	2.17%	Swisscom AG	2.08%

Total Top 10 We... 21.80%

출처 : https://www.etf.com/BLCN#overview

BLCN ETF에 편입된 기업들은 후지쯔, 마스터카드, 히타치 등 상위 기업들이 2% 정도를 보유해 상위 10개 기업의 비중이 21.8%로 적은 편입니다. 이것은 ETF를 구성하고 있는 기업들의 규모가 크지 않아 여러 기업들을 편입해 리스크를 분산시킨 것으로 보입니다. 따라서 개별 기업을 보유하기보다는 ETF를 보유해 안정성을 확보한 후 장기간 보유해 성장성을 함께 추구하는 전략이 필요합니다. BLOK에 비해 지수 편입 기업 규모가 적고 펀드 규모도 적으니 BLCN보다는 BLOK에 투자하는 것이 좋겠습니다. 그런데도 굳이 BLCN을 소개하는 것은 비교해 판단에 도움을 드리고자 함입니다.

주식 투자를 잘하기 위해 반드시 알아야 할 사건들

주식 투자의 본질은 수익입니다. 수익을 내기 위해서는 주식을 싼 가격에 사서 비싼 가격에 팔면 됩니다. 싼 가격에 산 기업의 주가가 상승할 것을 예상하기 위해서는 과거의 사례를 연구할 필요가 있습니다. 이처럼 개별 기업의 주가 흐름을 예측하는 것도 중요하지만, 그보다 더 중요한 것은 전체 시장의 흐름을 예상하는 것입니다. 아무리 좋은 기업도 시장 전체가 무너져 내리면 따라서 하락하기 때문입니다.

여기서는 증시에 영향을 미쳤던 큰 사건들을 자세히 분석해 당시 증시의 흐름과 비교해보겠습니다. 역사는 반복된다고 하듯이 증시 역시 반복됩니다. 예를 들면, 1970년대 오일 쇼크 때 유가가 급등하면서 증시에 영향을 끼쳤듯 최근 러시아의 우크라이나 침공으로 인한 유가 급등 역시 증시에 영향을 크게 끼치고 있습니다. 그래서 과거 증시에 큰 영향을 끼쳤던 대표적 사건들을 선정해 정리해봤습니다. 여기 언급되지 않았지만, 증시에 영향을 끼쳤던 사건들은 수없이 많습니다. 하지만 지면 관계상 개인적으로 중요하다고 생각하는 12개 사건을 선정해 정리했습니다. 좀 더 많은 사건이 궁금하신 분들은 여기서 소개한 사건들을 참고로 해서 개별적으로 연구하기를 권합니다.

세계 대공황

첫 번째 사건은 세계 대공황입니다. 이 사건은 1929년 10월 24일, 뉴욕주식 거래소에 상장된 주가가 대폭락한 사건으로 시작됩니다. 가장 전형적인 세계공황으로서 1933년 말까지 거의 모든 자본주의 국가들이 영향을 받아 주가가 폭락했습니다.

제1차 세계대전 후 미국은 표면적으로 경제적 번영을 누리고 있는 것처럼 보였지만, 그 이면에는 만성적인 과잉생산과 실업자 증가라는 문제가 있었습니다. 이런 것이 수년 동안 쌓이다 1929년 10월 24일에 주가 대폭락을 일으키며 수많은 은행이 문을 닫으면서 제반 물가가 폭락하고, 기업들이 생산을 멈추면서 모든 경제활동이 마비됐습니다. 기업 도산이 속출해 실업자가 급격히 늘어나면서 1933년에는 그 수가 전 근로자의 약 30%에 해당하는 1,500만 명 이상에 달했습니다.

공황은 미국뿐만 아니라 독일, 영국, 프랑스 등 유럽의 모든 나라에 번졌습니다. 자본주의 각국의 공업 생산은 급감해 1932년에는 1929년 공황 발생 이전과 비교해서 44% 급감해 1908~1909년 수준으로 후퇴했습니다. 공업 부문에서 시작된 생산량 급감은 농산물 가격 폭락 등으로 미국을 비롯해 유럽과 남아메리카까지 확산해 소맥, 커피, 가축 등이 대량 파기되는 사태까지 일어났습니다. 금융부문에서도 1931년 오스트리아 은행 도산을 계기로 유럽 전역에 금융 공황이 발생했습니다.

이 공황으로 인해 자본주의 국가들 경제가 자동회복력을 상실했는데, 1930년대를 통해 불황을 만성화시켰습니다. 10여 년 이상 대불황에 허덕인 미국은 제2차 세계대전으로 유럽이 전화에 휩싸이자 군수물자를 생산해 보급하기 시작하면서 경기를 회복해 제2차 세계대전 중에 실질 소득이 거의 2배로 증가하면서 불황의 늪에서 서서히 벗어났습니다.

브레튼 우즈 체제

세계 대공황으로 인해 장기 불황에 빠진 유럽 각국에 엎친 데 덮친 격으로 제2차 세계대전이 발발했습니다. 전쟁으로 유럽 전역이 황폐해졌고, 제2차 세계대전 중에 미국은 유럽에 각종 군수물자와 생필품을 공급했습니다. 제2차 세계대전 종전 직전인 1944년에 미국 뉴햄프셔주 브레튼 우즈에서 44개국이 참가한 '연합국 통화 금융회의'가 열렸습니다. 여기서 영국이 제2차 세계대전으로 인해 황폐해졌고, 그동안 기축통화 역할을 했던 영국의 파운드화 가치가 급격히 떨어지면서 미국 달러화를 기축통화로 하는 금본위제도의 실시를 합의했습니다. 이것은 미국 달러화를 기축통화로 하는 금환본위제도로써 금 1온스를 35달러로 고정시키고, 그 외 다른 나라의 통화는 달러에 고정시켰습니다. 이 국제적인 통화제도 협정에 따라 구축된 국제통화 체제가 출범된 것을 '브레튼 우즈 체제(Bretton Woods System)'라고 불립니다. 이 역사적인 사건은 이전까지 대영제국으로 불리던 영국의 몰락과 미국의 달러 중심 세상의 시작을 열었습니다.

미국 금본위제 폐지

1944년 '브레튼 우즈 체제'에서 만들어진 금본위제를 바탕으로 하는 미국 달러 기축통화는 제2차 세계대전 이후 전후 복구 등을 통해 급격히 성장한 세계 경제의 물동량을 감당하기에는 턱없이 부족했습니다. 또한, 미국은 1960년대 말부터 베트남 전쟁 등으로 인해 경제력이 악화했고, 외국에서 달러와 금 교환 요구가 급격히 늘어나 금 보유고가 턱없이 부족한 상태가 되면서 미 대통령 리처드 닉슨(Richard Nixon)은 1971년 8월 달러와 금의 교환을 정지하는 금본위제 폐지와 수입과징금 10% 부과를 포함한 신경제 정책을 발표했습니다.

이 조치로 인해 달러 가치가 약세를 보이면서 수출 의존도가 높은 동아시아와 남미 국가들은 큰 타격을 받았으며, 이 사건 이후 세계 대부분 국가는 고정환율제 대신 변동환율제를 도입하게 됐습니다. 이때부터 마음껏 달러를 찍어내게 되면서 통화는 팽창했고, 그에 따른 급격한 인플레이션 진행으로 증시 또한 크게 상승했습니다. 금본위제 폐지의 최대 수혜자는 이 효과를 가장 먼저 간파한 워렌 버핏이었습니다.

오일 쇼크

세계 경제를 뒤흔든 오일 쇼크는 원유 가격이 급등해 전 세계에 경제적 타격을 준 사건입니다. 1973년에 중동전쟁 당시 아랍 산유국들의 원유 무기화 정책으로 제1차 오일 쇼크가 일어났고, 1978년에 이란 혁명으로 인한 원유생산 대폭 감축으로 인해 제2차 오일 쇼크가 일어났습니다. 제1차 오일 쇼크는 1973년 10월 16일에 페르시아만의 6개 석유수출국들이 석유수출기구(OPEC) 회의에서 원유 가격을 17% 인상한다고 발표하면서 시작됐습니다. 1973년 10월 6일에 발발한 제4차 중동전쟁으로 인해 이스라엘이 아랍 점령지역에서 철수하고, 팔레스타인의 권리가 회복될 때까지 원유생산을 5%씩 감산하다고 발표했습니다. 이에 따라 1973년 초 배럴당 2달러 59센트였던 중동산 원유 가격이 1년 만에 11달러 65센트로 무려 4배가 올랐습니다. 제1차 오일 쇼크는 원유가 싼값으로, 필요한 양이 공급된다고 믿어왔던 원유 수입국들에 엄청난 충격으로 다가왔습니다. 세계 경제는 전체 경제성장률이 크게 떨어져 1975년에는 서방 선진국들조차 마이너스 성장을 하게 됐으며 인플레이션이 가속화됐습니다. 이것으로 인해 OPEC는 국제석유자본이 독점하고 있던 원유가격의 결정권을 장악하게 됐으며, 자원민족주의를 강화하는 결과를 초래했습니다. 이렇게 일어난 제1차 오일 쇼크는 1978년이 되어서야 일단 진정됐습니다.

제2차 오일 쇼크는 1978년 말 이란의 국내 혼란과 1979년 초 이슬람혁명을 계기로 일어났습니다. 세계 원유생산량의 15% 수준을 차지하던 이란은 원유의 전면 수출 금지조치를 취했습니다. 여기에 원유업자들의 매점매석과 투기성 시장 조작으로 인해 국제원유 시장은 급격한 혼란에 빠졌습니다. 1980년 8월에는 기준원유가가 30달러를 돌파했는데, 제1차 오일 쇼크와 마찬가지로 전 세계 경제성장률 하락과 소비물가 급상승 등 전 세계 경제를 혼란에 빠뜨렸습니다. 또한, 앞선 1, 2차 오일 쇼크처럼 최근 러시아의 우크라이나 침공으로 인해 국제유가가 60달러에서 단기간 130달러를 기록한 후 최근 110달러대를 유지하면서 전 세계가 인플레이션 우려에 몸살을 앓고 있습니다.

영국의 IMF 경제위기

IMF의 구제금융이란 통화외환위기를 겪고 있는 국가의 환율 안정과 국제수지 적자보존을 위한 단기 저리 자금으로 구제금융을 국제통화기금(IMF)이 외환위기국에 지원하는 자금을 말합니다. 구제금융을 받은 나라는 자력으로 금융위기를 극복할 수 없다는 사실을 국제사회에 공표하는 것으로, 대외이미지 손상과 동시에 IMF로부터 강도 높은 경제개방과 구조조정 등을 요구받게 됩니다.

영국은 1973년 10월부터 시작된 제1차 오일 쇼크로 인해 세계 경제 침체 상황에서 영국의 급격한 인플레이션과 외환보유고 급감으로 인해 파운드화 가치가 하락하면서 1975년 6~7월에 경제위기에 직면했습니다. 캘러헌(Callaghan) 수상은 계속된 파운드화 위기 상황에서 어쩔 수 없이 1976년 9월, IMF 구제금융을 받기로 했습니다. 다행히 파운드화 가치는 빠르게 회복되어 영국은 예상보다 1년 4개월 앞당겨 1977년 9월에 IMF를 졸업했습니다. 당시 헤지펀드를 운영하던 조지 소로스가 파운드화를 공격해 큰돈을 벌고, 헤지펀드의 대부로 알려지면서 지금까지 유명한 일화로 전해져 오고 있습니다.

중국의 개방정책

제2차 세계대전 이후 소련과 중국의 공산화 확산정책으로 인해 이를 막기 위한 미국의 대응 전략으로 냉전이 지속하면서 미국과 중국은 서로 적대관계를 유지하고 있었습니다. 그러던 중 미국이 중국을 이용해 소련을 경계할 필요가 있었는데, 1971년 3월에 일본 나고야에서 제31회 세계 탁구 선수권대회가 열렸습니다. 중국은 1966년 문화대혁명 이후 처음으로 국제무대에 등장했습니다. 대회 기간에 중국 측에서 미국 선수단을 초청했고, 미국이 이를 받아들여 1971년 4월 10일부터 17일까지 미국 탁구 선수단 15명과 기자 4명이 중국을 방문했습니다. 미국 탁구 선수단은 주은래(周恩來) 총리와 면담을 가진 뒤, 베이징, 상하이, 광저우 등을 순방하면서 친선경기를 치렀습니다. 이후 미국은 20년 넘게 계속된 중국에 대한 무역금지조치를 해제했습니다. 같은 해 7월, 헨리 키신저(Henry Kissinger) 미 대통령 안보보좌관이 베이징을 극비리에 방문해 주은래 총리와 회담을 했고, 1972년 2월 21일에는 리처드 닉슨 대통령이 중국을 방문해 '상하이 공동성명'을 발표했습니다. 이것을 '핑퐁외교'라고 불렀습니다. 이후 미국과 중국 관계는 급진적으로 발전하면서 1979년 등소평(鄧小平) 주석이 미국을 방문했고, 이와 더불어 미국과 중국은 전격적으로 국교를 수립했습니다.

중국 주석 등소평은 1979년에 미국을 방문하고 돌아와 흑묘백묘론(검은 고양이든 흰 고양이든 쥐만 잘 잡으면 된다)을 주장하면서 중국의 개혁과 개방을 이끌었습니다. 이후 흑묘백묘론은 1980년대 중국식 시장 경제를 대표하는 용어로 자리 잡게 됐습니다. 개혁·개방정책에 힘입어 중국은 비약적인 경제발전을 거듭했으며, 정치는 기존의 공산주의 체제를 유지하는 정경분리의 정책을 통해 세계에서 유례없는 중국식 사회주의가 탄생했습니다.

블랙먼데이

1987년 10월 19일 월요일, 뉴욕거래소는 개장 초부터 대량의 팔자 주문이 쏟아졌습니다. 전 세계 자본 시장의 중심인 뉴욕 증시가 단 하루 만에 22.6% 폭락한 것입니다. 이것은 1929년 10월 24일 목요일 대폭락으로 시작된 대공황을 상회하는 수준으로 폭락한 것입니다. 그런데 이날 폭락의 원인을 아무도 알지 못했습니다. 미 대통령 직속 특별위원회인 브레디 위원회와 미국회계감사원 등이 대폭락의 원인 규명에 매달렸지만, 왜 그런 일이 벌어졌는지 알아내는 데 오랜 기간이 걸렸습니다.

저명한 학자들과 미국 정부가 발견한 1987년 폭락 이유는 금융 시스템은 스스로의 위험을 완전히 없애지 못한다는 것입니다. 리스크는 끊임없이 시스템 안에서 옮겨 다닐 뿐입니다. 사후적으로 규명한 폭락의 원인은 '포트폴리오 보험'이었습니다. '포트폴리오 보험'이란 주가가 떨어질 경우를 대비해 기관 투자자들이 미리 주식, 선물을 매도해놓고, 주가 하락의 직접 손실을 선물 매도로 메우는 투자 방식을 말합니다.

테슬라 주식을 보유한 기관 투자자가 현재 가격으로 미래 일정 시점에 팔 수 있는 파생상품 투자를 미리 해놓으면, 어떤 경우에도 손해를 볼 일이 없다는 것이 이 투자 전략입니다. 문제는 막상 전반적인 주가 하락이 시작되자 그 속도를 이 같은 포트폴리오 보험이 가속시켰다는 점입니다. 포트폴리오 보험자가 더욱 많은 선물을 팔도록 한 결과, 주식 매도를 더욱 심하게 만든 것입니다. 시장에서 투자자를 보호하기 위해 만든 기법이 전체 시장의 붕괴를 촉발한 셈입니다.

금융 시장 자체가 스스로 리스크를 외부로 넘기는 것은 논리적으로 애초에 불가능합니다. 이것은 거래가 있는 시장에서는 누군가 이득을 보지만, 반대로 누군가는 손해를 입어야 한다는 뜻입니다. 1987년의 포트폴리오 보험과 같이 한쪽의 리스크를 누군가에게 전가해 시장 전체를 흔드는 일이 2008년의 서브프라임 위기 때 형태는 다르지만, 원리는 같은 일이 반복됐습니다.

독일의 통일

제2차 세계대전은 1945년 5월 8일, 나치스 독일이 연합국에 항복하면서 끝이 났습니다. 그해 2월에 미국, 영국, 소련의 3국 정상이 얄타회담에서 독일의 처리방법을 프랑스까지 합해 4개국이 분할 점령해 최고 통치권을 이어받았고, 동독 안에 있는 수도 베를린도 4개국이 분할 점거하게 됐습니다. 1946년 12월에 미국, 영국 양국의 점령지구가 경제적 통합을 이룩함으로써 동서 분열의 빌미를 제공했으며, 베를린 봉쇄 이후 최대 현안이 된 '독일 문제'를 논의하기 위한 4개국 외무 장관회의가 여러 번 열렸으나 사사건건 미국과 소련 측의 의견이 대립해 충돌하면서 1947년에는 4개국 외무장관 회의가 결렬됐습니다. 그 이듬해 소련 측이 독일관리이사회에서 탈퇴하며 그 기능이 정지됐습니다.

이후 동서독 분단이 완전히 고착되며 동독에서 서독으로 월경해오는 사람들이 날로 늘어남에 따라 동독 정부는 동서 베를린에 40km에 달하는 두꺼운 콘크리트 담장을 쌓게 됐습니다. 이 장벽을 쌓은 후로는 브란덴부르크 문을 통해서만 허가를 받아 왕래가 허용됐습니다. 하지만 소련의 공산주의 체제가 붕괴하고 독일 통일이 추진되면서 1989

년 9월, 헝가리 국경이 느슨해진 틈을 타서 동독 주민 1만 3,000여 명이 헝가리를 지나 오스트리아 국경을 넘어 서독으로 이송을 요구했습니다. 뒤이어 동독 내에서 대대적인 대중 시위가 일어나자 동독의 최고 지도자 호네커(Honecker)가 사임했습니다. 이렇게 시작된 베를린 장벽 붕괴는 1989년 11월 9일로 기록되어 있지만, 장벽 전체가 철거되기까지 많은 시간이 소요됐습니다. 그해 12월 22일, 동서독 통일의 상징인 브란덴부르크 문이 열리면서 서베를린 시민을 포함해 서독 주민들이 비자 없이 자유롭게 동베를린을 비롯한 동독지역을 방문할 수 있게 됐습니다. 그리고 1990년 10월 3일에는 공식적인 통일이 이루어졌습니다. 이것은 공산주의에 대한 자본주의의 승리를 대표하는 사건이라고 할 수 있습니다.

일본의 장기 불황

제2차 세계대전 이후 패전국이었던 일본은 우리나라에 6·25전쟁이 발발하면서 미국을 포함한 연합국들의 병참기지가 되면서 패전에 대한 책임이 자연스럽게 면제됐습니다. 이를 계기로 일본은 전후 급격히 성장해 세계 경제를 주름잡게 됐습니다. 일본은 1980년대만 해도 도쿄에서 TV를 틀면 하와이 부동산 광고가 나올 정도로 부유한 국가였습니다.

미국은 1980년대 초 레이건(Reagan) 행정부가 들어서면서 개인 소득세를 대폭 삭감하고 재정지출은 유지함으로써 대규모 재정적자를 발생시켰습니다. 이러한 재정정책은 대규모 무역수지 적자를 가져왔고, 특히 일본에 대한 무역적자는 1985년 429억 달러로 확대됐습니다. 또한,

미국의 고금리에 의해 미국으로의 자본유입이 중지되지 않은 상태에서 달러 강세 기조가 계속되어 재정적자와 무역적자 확대를 더는 견딜 수 없게 됐습니다. 따라서 미국은 1985년 9월 22일, 미국 뉴욕에 위치한 플라자 호텔에서 열린 프랑스, 독일, 일본, 미국, 영국으로 구성된 G5의 재무장관회의에서 달러화 가치상승이 세계 경제가 직면하고 있는 여러 문제점 중의 하나라고 지적하고, 일본 엔화와 독일 마르크화의 평가절상을 유도해 달러 강세 현상을 시정해줄 것을 요청했습니다.

'플라자 합의'가 채택되자 독일 마르크화는 1주 만에 달러화 대비 약 7%, 엔화는 약 8.3% 각각 오르는 변화가 일어났고, 이후 2년 동안 달러 가치는 30% 이상 급락했습니다. 덕분에 미국 제조업체들은 달러 약세로 높아진 가격경쟁력으로 1990년대 들어 해외 시장에서 승승장구했으며, 미국 경제가 회복세를 찾아갔습니다. 반면 일본은 엔고로 인해 버블 붕괴 등의 타격을 받으며, 2010년 이후까지 그 후유증에 시달렸습니다. 이로 인해 일본의 부동산과 주가는 엄청나게 급락했습니다. 그래서 일본인들은 이 시기의 트라우마가 남아 있어 아직도 부동산이나 주식보다는 현금에 관심을 더 보이고 있습니다.

동아시아 외환위기

1985년 9월 22일에 플라자 합의 이후 일본이 엔고로 인해 허덕이고 있을 때 미국을 포함한 동아시아 여러 국가는 10년 이상 흔들림 없는 성장과 번영을 누리고 있었습니다. 하지만 1997년 태국에서 시작해 동남아시아 전역으로 퍼져 나간 금융위기는 우리나라가 IMF 구제금융을 받는 등 동북아시아까지 번지며, 아시아 전역이 소용돌이에 휘말렸습니다. 1997년에는 태국의 금융 기관에 투자한 외국의 금융 자본이 대규모로 돈을 빼가면서 말레이시아, 인도네시아, 필리핀 등 동남아시아 국가들이 연이어 금융위기를 맞게 됐습니다. 이들 나라에서 받을 돈을 받지 못하게 됐고, 일본에서 단기채권 연장을 거부하면서 당장 갚아야 할 외환을 갚지 못하게 되어 결국 대한민국은 1997년 12월 3일에 국가부도위기에 처하게 되면서 IMF로부터 자금을 지원받는 양해각서를 체결했습니다. 당시 기업이 연쇄적으로 도산하면서 외환보유액은 급감했습니다. IMF에서 195억 달러의 구제금융을 받아 그 이후 한국경제는 IMF가 요구하는 경제체제를 수용하고, 그 요구에 따라 대대적인 국가경제 구조조정이 시작됐습니다. 이때 많은 회사가 부도나거나 경영위기를 겪었고, 이 과정에서 대량 해고와 경기 악화로 인해 온 국민이 큰 어려움을 겪었습니다. 대한민국은 IT 산업 장려 정책이나 대기업 간의 사업 교환 및 통폐합으로 경제 재건을 도모했습니다.

1998년 12월, IMF 긴급 보관 금융에 18억 달러를 상환한 것을 계기로 2000년 12월 4일에는 국제 통화 기금의 모든 차관을 상환했고, 우리나라는 마침내 IMF 위기에서 완전히 벗어났다고 공식 발표했습니다. 이것은 달러 확장정책을 유지하는 미국의 보이지 않는 손에 의한 것이라는 설이 있습니다. 미국으로서는 달러가 널리 쓰일수록 영향력이 점점 커지게 되므로, 동아시아 외환위기를 통해 국가 신용도에 외환보유고를 포함하게 되면서 세계 각국이 달러를 더 많이 보유하게 됐습니다.

닷컴 버블

1990년대 말부터 세계는 인터넷 산업을 주목하게 됐습니다. 인터넷을 통해 뉴스, 영화, 독서, 주식 거래 그리고 채팅을 통해 멀리 있거나 모르는 상대와 인터넷상에서 대화가 가능해지면서 이전과는 전혀 다른 세상이 열렸습니다. 전 세계적으로 너도나도 인터넷을 통한 사업 분야에 뛰어들었습니다. 당시 인터넷을 대표하던 AOL(America On Line)의 시가총액은 당시 기준으로 1,000억 달러(한화 약 1,200조 원)가 넘었습니다.

인터넷을 대표하는 AOL과 기존의 엔터테인먼트 분야에서 세계적이었던 미디어 그룹 타임워너와의 합병이 이루어지면서 엄청난 시너지 효과를 불러일으킬 것이라는 전망에 수많은 IT 관련 벤처기업이나 기존 IT 기업들의 주가는 폭등하기 시작했습니다.

당시 손정의(孫正義)도 일본에서 관련 기업을 하고 있었는데, 재산이 하루에 1조 원씩 늘었다는 인터뷰 기사를 본 적 있습니다.

그러나 AOL은 비싼 요금과 느린 속도의 인터넷 서비스에 사용자들이 등을 돌리면서 주저앉게 됐습니다. AOL과 타임워너의 합병 후 주가가 폭락하기 시작하면서 수많은 IT 관련 벤처기업들 역시 파산하게 됐습니다. 이 외에도 수많은 IT 기업들이 시도했던 아직은 서비스 속도가 느린 과도기적인 인터넷 기술에 너무 많은 것을 융합하려다 보니 너무 시대를 앞서가게 됐고 결과적으로는 실패한 실험이 됐습니다.

당시에 닷컴 기업이라 불리는 인터넷 기반 기업들이 우후죽순처럼 생겨났다가 일시에 폭락했습니다. 1995년부터 2001년까지 일어난 인터넷 관련 기업들의 거품 경제 현상을 우리는 '닷컴 버블, IT 버블, 인터넷 버블' 등 다양하게 부르고 있습니다. 당시 IT 광풍은 1637년에 네

덜란드에서 튤립 한 뿌리가 집 한 채 가격으로 팔렸다 폭락한 튤립 광풍을 떠올리게 합니다.

세계 금융위기

2000년대 후반부터 미국의 금융 시장에서 시작되어 전 세계로 파급된 대규모의 금융위기 사태를 '세계 금융위기'라고 합니다. 2007년에 발생한 서브프라임 모기지(Subprime Mortgage) 사태는 미국의 초대형 모기지론 대부업체인 '뉴센추리 파이낸셜'이 파산하면서 시작했습니다. 그 이후 세계 3위 은행 HSBC는 미국 주택 시장에 뛰어들었다가 107억 달러(한화 약 13조 원)를 회수 못 하게 되는 등 AIG, S&P, BNP 파리바 은행, 씨티그룹 등 전 세계 글로벌 금융그룹들이 위기를 맞았으며, 리먼 브라더스사는 파산했습니다.

리먼 브라더스의 파산은 전 세계 금융 시스템에 도미노 현상을 불러일으켰습니다. 은행 간 대출이 전면 중단되다시피 했으며, 미국, 영국과 그 외 국가들에서도 주요 금융기관의 붕괴를 막기 위해 천문학적인 액수의 공적 자금이 투입됐습니다. 그러나 아이슬란드의 은행들은 결국 부도를 피하지 못했고, 연쇄작용으로 전 세계에서 기업과 개인에 대한 대출이 얼어붙었습니다.

원인은 우량채권만 대출하던 은행들이 새로운 먹거리를 위해 부실대출을 묶어 새로운 채권으로 만들어 팔기 시작한 것입니다. 이렇게 만들어진 부실채권이 돈을 갚지 못하게 되면서 연쇄작용을 일으키게 된 것입니다. 이것 역시 탐욕스러운 월가의 금융인들이 벌인 일들에 불쌍한 일반 국민이 공적자금 투입 등으로 피해를 고스란히 입게 됐다는 것이 안타깝습니다.

워렌 버핏을 꿈꾸며
[주식 투자 실전 편]

초판 1쇄 2022년 8월 31일

지은이 김영웅
펴낸이 서정희 **펴낸곳** 매경출판㈜
기획제작 ㈜두드림미디어
책임편집 배성분 **디자인** 노경녀 n1004n@hanmail.net
마케팅 김익겸, 한동우, 장하라

매경출판㈜
등록 2003년 4월 24일(No. 2-3759)
주소 (04557) 서울특별시 중구 충무로 2(필동 1가) 매일경제 별관 2층 매경출판㈜
홈페이지 www.mkbook.co.kr
전화 02)333-3577
이메일 dodreamedia@naver.com(원고 투고 및 출판 관련 문의)
인쇄·제본 ㈜M-print 031)8071-0961
ISBN 979-11-6484-455-5 (03320)

책 내용에 관한 궁금증은 표지 앞날개에 있는 저자의 이메일이나 저자의 각종 SNS 연락처로 문의해주시길 바랍니다.